# 戀愛不盲目

## 單身女子的心理學教戰手冊

蘇妍婕 著

不是妳不會愛，而是妳太常把自己放在最後

這一次，練習先聽見自己的心，再學會靠近別人

# 目錄

# 目錄

# 導讀

## ◎愛不是運氣，而是心理選擇力的鍛鍊

這不是一本教妳怎麼吸引對象的戀愛技巧書，也不是一本告訴妳如何成為「高價值女性」的自我催眠讀物。

這是一本為單身女子設計的心理鍛鍊書，一本幫妳在每一段關係之前、之中與之後，認識自己、選擇自己、堅定自己的心智地圖。

我們從來不缺戀愛的機會，只是經常在愛裡迷失了方向。

妳可能有過這些情況：

- 明明條件不差，卻總是在曖昧中失去信心
- 談戀愛時總是委屈自己，過度討好卻換來失望
- 事業正好、生活穩定，卻因年齡與家庭壓力感到焦慮
- 好不容易遇到適合的對象，卻不知道怎麼把關係走長久

這些狀況並非妳的錯，而是來自過往家庭經驗、社會期待與內在自我價值建構的種種交織。

而本書的目的，就是透過每一章、一個故事、幾個心理練習，幫助妳把「談戀愛」變成一種成熟的心理選擇，而不是情緒衝動的結果。

## ◎全書架構一覽

本書共十五章，分為五個心理層次與情感階段：

**第一部　戀愛的起點：自我理解與選擇權回收（第一～三章）**

- 妳為什麼總選錯人？妳的愛情模式從哪裡來？妳想要的真的屬於妳嗎？
- 結合依附理論、選擇恐懼症分析、自我價值建構，幫助妳在開始一段關係前，先認識自己。

**第二部　戀愛的發生：吸引力與親密建立（第四～六章）**

- 曖昧怎麼讀懂訊號？好感與愛的界線在哪？怎樣從一場互動走進真誠？
- 結合認知心理學、溝通技巧與親密感養成策略，提升妳在初期關係中的判斷力與感受力。

**第三部　戀愛的困境：不安、自我消耗與家庭影響（第七～九章）**

- 為什麼愛得越久越焦慮？妳是在愛一個人，還是複製了妳的原生家庭？
- 本部聚焦於情感焦慮、自我壓抑、家庭干預與依附傷口的修復，讓妳在「愛裡成長」而不是「愛裡迷失」。

**第四部　單身的力量：選擇與自我擁抱（第十～十二章）**

- 妳的單身不是失敗，而是成長；妳的獨處不是孤單，而是選擇。

◉ 結合正念、自我關懷、生活儀式與內在優先順位重建，幫助妳即使單身，也活得充實、自由、有選擇。

**第五部　關係的長線經營：成熟的選擇與深度連結（第十三～十五章）**

◉ 真正走下去的感情，不靠激情，而靠心理韌性。

◉ 本部著重於價值觀對齊、情緒親密感、長期溝通與關係策略，讓妳在穩定關係中，保有愛人與做自己的能力。

## ◎本書的使用建議

### 這是一本互動式的書

每一節後方皆設有「妳的心理練習本」，建議妳搭配筆記使用，將每次書寫當成一場「情感肌肉鍛鍊」。

### 每一個角色故事都是妳的鏡像

若彤、珊珊、安晴、小芷……她們可能來自不同背景，但她們的情緒、選擇與掙扎，都可能在妳心裡出現過。請試著對照閱讀，把她們當成自己的一個側面，幫助妳更溫柔也更清楚地看見自己。

### 閱讀順序不需拘泥

妳可以從當下最有共鳴的章節開始，或根據自身狀態跳著讀，將本書作為一本長期使用的心理對話書。

### ◎妳將得到什麼？

不是公式，而是內在的思考框架；

不是戀愛勝利指南，而是讓妳有能力離開錯的、有信心進入對的的心理底氣。

當妳看完這本書，或許妳仍然單身、或仍然在關係中掙扎，但妳已經知道：妳的心有多強，妳的選擇就有多自由。

這不只是一本書，而是一場妳與自己重新建立情感自主的心理歷程。

# 第一章
# 她為什麼總是單身？

# 第一節　完美戀愛幻覺

「我們渴望一段完美的愛情，卻忘了自己也是不完美的人。」

—— 挪丹德美心理學家卡倫・荷妮（Karen Horney）

## 如果妳是她，會怎麼做？

安晴今年剛滿三十歲。身為一間外商公司的行銷經理，她擁有讓人稱羨的一切 —— 外貌出眾、談吐得體、收入穩定，朋友之間也總是誇她是「女神等級」的存在。

但只有她自己知道，那個看起來毫無缺陷的外殼，裡面藏著多少情緒的懸空與戀愛的無力感。

她不是沒談過戀愛，反而戀愛經驗比身邊大多數朋友都多。二十幾歲的那些年，她談了三段感情，每一段都是在剛開始的激情後，快速陷入「高標準」與「關係失衡」的輪迴。最後，對方總是這樣說：

「我覺得妳太好了，好到讓我無法呼吸。」

「我很怕我配不上妳，妳真的太強了。」

「我喜歡妳，但總覺得我們不是一路人。」

安晴不解，她沒說什麼過分的要求啊，她只是想找一個跟她一樣，有目標、有自律、有責任感的人一起生活。

她曾把這樣的困惑帶去心理諮商室，對心理師說：「我不是那種情緒勒索型的女生，也從來沒有強迫對方做任何事，我只是希望兩個人能一起往前，不可以嗎？」

心理師沉默了一下，問她一句：「安晴，妳覺得戀愛應該是什麼樣子？」

那天她回家後，盯著天花板想了很久。她一直以來對愛情的定義，就是要「值得」、「不委屈」、「高品質」。她心裡有一張理想清單 —— 男方不能比她窮太多，不能比她懶，要有上進心，要情緒穩定、尊重她的生活習慣、認同她的價值觀……

她不是不讓步，但一旦那個人某方面「不夠好」，她就會開始退縮。她會開始用忙碌當藉口、不再主動聯絡、不再製造情緒連結。她不會鬧脾氣，她只會默默關閉自己。

有時她也會問自己：「是不是我的條件設得太高了？」

但一想到「降低標準」這件事，她就會反胃。因為在她的成長背景中，「只要努力就能得到最好的」早已刻在骨子裡。

所以她乾脆單身。

乾脆不談戀愛，至少不會再讓人失望。

只是夜裡的房間安靜得過分時，她也會懷疑，那個理想中的他，真的會出現嗎？或者，其實是她自己，把每一段可能的愛情都親手「處理掉」了？

## 心理學這樣看待妳的經驗

### 愛情劇本與「自我驗證需求」

安晴的故事中，最關鍵的不是她的條件高，而是她的「愛情腳本」無意中設定了一個封閉循環。

心理學家艾瑞克·伯恩（Eric Berne）提出的「人生腳本」（life script）概念，指出每個人從童年開始，會根據成長經驗與重要他人互動，建立一套對世界與自我關係的潛規則。當這套潛規則沒有被覺察時，它就會變成潛意識中「自動播放」的劇本。對安晴來說，她的劇本可能是這樣的：

- 我要足夠優秀，才配得起被愛
- 只有理性與完美，才能保護我不受傷
- 我值得最好的人，所以如果對方一旦「不夠」，就表示他不適合我

這種劇本看起來是自我保護，實際上是一種「過度防衛式的愛情信念」，而且帶有高度的自我驗證需求（self-verification）。根據威廉·斯旺（William B. Swann, 1987）的理論，人們會傾向尋找能夠驗證自己既有自我概念的人與關係，即便那個概念本身是「我其實很難被真正理解」、「沒有人可以承擔我全部的情緒」。

安晴雖然表面上期待一段成熟的關係，但內在卻被一種「不相信自己可以脆弱」的信念綁住，導致她總是不自覺地排斥那些有情緒需求、或無法完美回應她期待的人。這也讓她的愛情腳

本，始終停留在「高標準→測試對方→發現不合→自我撤離」的循環中。

### 愛情不是投資報酬，是關係流動

另一個心理陷阱在於「績效式愛情觀」。當一個人習慣用成就與表現衡量人生時，很容易把戀愛看作一種投資行為 —— 付出時間、資源、情緒，就應該獲得對等的回報。但愛情不是這樣運作的。

感情是互動，不是績效表現。愛情裡的「流動性」—— 包括理解、情緒回應、衝突後的調整、共同建構的願景 —— 遠比一開始的條件符合來得關鍵。

## 妳的心理練習本

### 練習一：回顧妳的戀愛腳本

請靜下心來寫下以下問題的回答，幫助自己辨識內在的愛情信念系統：

- 妳的上一段戀愛，是怎麼開始、怎麼結束的？
- 妳曾經對愛情最深的失望是什麼？
- 妳對理想伴侶的三個條件，是否其實反映了妳對自己的期待？
- 妳是否曾因對方「不夠好」而選擇退出，而這個「不夠好」是否能被理解為人性的一部分？

### 練習二：和妳的「完美清單」談談

將妳心中「理想伴侶的條件清單」寫下來，接著問自己三個問題：

- 這些條件是來自我自己，還是社會／家人／過去經驗的影響？
- 哪幾個是「一定要有」，哪些是「想要但可以調整」的？
- 如果我自己在這張清單中，也不是全部符合，我是否也值得被愛？

### 寫給自己的心理備忘錄：允許不完美，是讓愛進來的開始

愛情不是精準設計的作品，而是共同經營的流動關係。當我們只追求完美，反而會讓關係無法有空間自由生長。對安晴來說，學會鬆開「績效式愛情觀」，允許自己與對方都在關係中成為更好的人，才是真正進入愛的起點。

## 第二節　她選擇不了，是因為她怕失去

「選擇不是在得到什麼，而是在承認自己失去什麼的能力。」

——美國心理學家貝瑞・史瓦茲（Barry Schwartz）

## 如果妳是她，會怎麼做？

珊珊總是笑得很甜。她是朋友群裡最愛關心別人的人，總能第一時間回訊息、準備驚喜、傾聽別人的煩惱。大家都說她是「戀愛體質」，因為她從來不缺追求者。

但只有珊珊知道，每當真正面對一段關係的時候，她的心就開始打結。

前陣子，她同時遇到了兩個看起來都不錯的對象。

一個是從高中時期就認識的學長，沉穩內斂、事業有成，像是一座可以依靠的山。

另一個是她在工作上認識的藝術家，浪漫奔放、生活自由，讓她每次見面都像冒險。

她夾在中間，無法抉擇。

學長總是體貼地幫她開車接送、照顧她的情緒，但談話內容總是圍繞著現實與安定；藝術家雖然常讓她等、讓她不安，但只要對方出現，她又會完全沉浸在那種「被選擇」的悸動裡。

她曾經試著列出優劣分析表，像處理職場專案一樣理性分析——誰比較穩定？誰比較愛她？誰可以一起過日子？但越分析，她越焦慮。她不敢選，因為她知道：

「一旦選擇一個人，另一個人就會消失。」

「我怎麼知道我現在覺得對的，過兩年不會後悔？」

「如果我選錯了，就真的沒有人會一直留著了。」

那天，她跟閨蜜吃飯，語氣輕快地說：「我覺得還是先不要確定關係好了，這樣比較自由啊。」

閨蜜看了她一眼，說：「珊珊，我覺得妳不是享受自由，是在逃避選擇。」

她怔住，眼眶莫名泛紅。

她想起自己前幾段戀情，也都是在「模糊關係」中拖延到最後。當對方提出明確承諾時，她總說「再看看」，拖著拖著，就慢慢淡了。看似從來沒被甩過，但其實，是她自己總是提前離場。

不是不想被愛，而是怕愛會變掉。

不是沒人選，而是她怕一旦選了，那份「可能性」就死了。

她害怕失去，但那個「不選擇」的自己，其實早已失去了真實連結的能力。

## 心理學這樣看待妳的經驗

### 選擇焦慮背後的「損失厭惡」

珊珊的故事並不少見。在現代戀愛中，「無法決定」早已不是稀奇的問題，而是心理學中所謂的選擇麻痺（choice paralysis）。

心理學家丹尼爾．康納曼（Daniel Kahneman）與阿摩司．特沃斯基（Amos Tversky）提出的「前景理論」（prospect theory）

中指出，人類在面對決策時，對損失的痛苦遠大於對獲得的滿足，這就是損失厭惡效應（loss aversion）。珊珊的狀況正是如此 —— 她不是不知道選誰比較好，而是無法忍受「一旦選了，另一個就消失」的心理痛感。

因此，她選擇「不選」。藉由維持模糊、曖昧或暫時開放的關係型態，讓自己「好像還有得選」，其實是延後失去的時點。這種延遲，不是自由，是對失落感的迴避。

## 焦慮依附與「關係延後戰術」

進一步來看，珊珊的行為也符合依附理論（attachment theory）中所描述的「焦慮依附型」人格。

焦慮依附型的人，內心渴望親密，但又對關係的穩定感缺乏信任。她們通常對愛情的起伏高度敏感，容易放大對方的行為變化、解讀為「不夠在乎」，於是採取控制、討好或拖延策略，以保護自己不被拋下。

珊珊之所以無法選，是因為選擇一個人，代表要放棄其他的「可能被愛」的來源；她也害怕一旦進入明確的關係，就會失去控制感 —— 她更習慣的是那種「不確定的情緒張力」，反而讓她感覺到安全。

這也是許多現代單身女子容易落入的情感泥沼：外在看起來擁有選擇權，內在卻因過往經驗與信念，讓自己困在一個永遠無法真正進入愛的狀態中。

## 妳的心理練習本

### 練習一：寫出妳「不選擇」背後的恐懼

請寫下三件妳曾經「延後選擇」的愛情經驗，回答下列問題：

- 妳當時最怕的是什麼？
- 妳認為一旦確定關係後，會失去什麼？
- 妳曾經後悔沒有選擇某個人嗎？那份後悔源自哪裡？

### 練習二：進入選擇狀態的心理演練

假設現在妳只能選擇一位正在追求妳的人，請試著寫下這段選擇帶給妳的情緒狀態，然後回答：

- 妳內心的聲音在說什麼？
- 妳是否能同意自己「並不需要選到最好，而是最適合當下妳的人」？
- 若對方將來改變了，妳相信自己能因應嗎？

這些反思會讓妳的決策不再被「失去的恐懼」綁架，而是回歸到「信任自己處理變化的能力」。

## 寫給自己的心理備忘錄：選擇，是一種信任未來的勇氣

珊珊的故事提醒我們，戀愛不是「誰最好」的比賽，而是「誰能與我共同承擔未來」的選擇。當妳不敢選，是因為妳以為選擇

是一種犧牲。但其實，真正的選擇，是放棄對「完美可能」的幻想，開始擁抱一個可被實踐的關係現實。

選擇，是妳對自己未來的承諾。不是要選對人，而是選擇相信自己有能力走完關係的旅程。

## 第三節　她說她不急，但其實是怕不被愛

「越是看起來堅強的人，越可能在愛裡最渴望被接住。」

——瑞士裔美國精神科醫師

伊莉莎白・庫伯勒－羅絲（Elisabeth Kübler-Ross）

### 如果妳是她，會怎麼做？

小芷是個「不太像會需要人」的人。

35 歲的她是個品牌設計公司的創辦人，工作能力強、邏輯清晰、說話乾淨俐落。她總給人一種「掌控一切」的印象，連開會時的筆記都工整得像設計圖。

她習慣自己訂票、自己搬重物、自己開車去外縣市開課。她不太麻煩別人，也不太解釋自己。

所以當有人問她：「怎麼還單身啊？」她總會笑著說：「我真的不急耶，太忙了，也享受一個人的自由。」

這句話她說了好多年，說到自己都快相信了。

直到某一晚，她一個人加完班回家，在便利商店結帳時，看到隔壁的情侶在挑泡麵，男生問：「妳今晚想吃哪一款？我幫妳煮。」女生嘟著嘴回：「你挑啦，我都吃你的愛心麵。」

她忽然有點心酸。不是因為想吃泡麵，是因為她想起自己已經超過三年沒有過「有人問她要吃什麼」的日常對話。

她回家後打開 Netflix，照例點開最安全的選擇——懸疑推理片，不要戀愛劇，不然太容易想太多。

她盤腿坐在沙發上，手裡拿著手機。她打開交友 App，又關掉；滑到一個帥哥，又滑走；開啟訊息頁面，發現很多人傳過話來，但她總是只回個貼圖就不了了之。

她不是沒興趣，是太怕開啟什麼之後又面對失望。

她有過一段談了兩年的感情，對方在她創業最忙碌的時期選擇離開。對方說：「我知道妳什麼都能自己處理，但我希望能在妳的世界裡占一點位置。」

小芷當時回答：「我沒有要拒絕你啊，我只是太忙了。」

對方只說了一句：「我感覺不到妳需要我。」

從那之後，她就更少展現「需要」這件事了。她寧願什麼都自己來，也不想再讓人覺得她「太冷」、「不好親近」、「太有距離感」。

她曾在心裡這樣自問：「是不是我給人的印象太獨立了，所以沒有人敢靠近我？」

然後她總會用一句理性來打住自己：「沒事的，一個人過得好，也沒什麼不好。」

只是，當手機突然沒人訊息，生病時一個人吃藥、清廚房、倒垃圾時，她會想：

如果有人能問一句：「妳還好嗎？」該有多好。

## 心理學這樣看待妳的經驗

### 自我防衛的孤單型人格

小芷的人格特質，在心理學上可對應到一類具備「防衛性孤立傾向」的人格模式。這類人表面上展現出堅強、獨立與冷靜，實則往往是過往情感創傷或重大失落所構築的心理防衛機制所致。這種自我保護性的孤立行為，並非源自單純的內向或冷漠，而是一種深層次的情緒迴避策略，透過與外界保持距離來避免再次受傷。

她曾經被愛過，也曾因太需要愛而受過傷。於是她學會了把「不需要」這個標籤貼在自己身上，用獨立來維持情感的控制感。

這種防衛心讓她在人際關係中保有主控權，卻也讓真正的連結變得困難。她可能在潛意識中告訴自己：

- 「與其讓對方失望，不如我一開始就不依賴他。」

◉ 「當我不需要別人時，就不會有人能傷害我。」

但事實上，正因為這樣的邏輯，她在關係中成了一座無法攀登的高牆，對方無從靠近，而她自己也無從靠近對方。

### 愛的表達是雙向的

從依附理論來看，小芷看似避免依賴，實則可能屬於逃避型依附（avoidant attachment）的人格傾向。她避免展現情緒需求，是因為深怕一旦展現就會被拋下，或對方無法承擔。

但逃避型人格的一個重要課題在於學會「允許自己脆弱」。關係的建立不只是給予，而是讓對方也能夠照顧妳。當一方過度自立，另一方會無法參與關係的互動感，進而失去親密感。

真正的親密不是證明「我什麼都能做」，而是允許對方在妳生命裡，有參與感。

## 妳的心理練習本

### 練習一：寫下妳最近「明明需要幫助卻沒開口」的五件事

◉ 為什麼妳沒說出口？妳在怕什麼？

◉ 如果當時妳說了，最壞的可能是什麼？

◉ 妳是否給了對方參與妳人生的機會？

### 練習二：「我需要你」的練習句

請試著寫出以下三句話，用來熟悉自己說出情感需求的方式：

- 我希望你在我需要你的時候可以……
- 我不是要你幫我解決問題，但我想被陪伴。
- 有時候我也想當那個被照顧的人。

透過這些語言的練習，妳會發現，表達需要不是脆弱，而是信任的證明。

## 寫給自己的心理備忘錄：真正的強大，是敢讓人進來

小芷的故事提醒我們，真正的堅強不是永遠獨行，而是敢讓人靠近、敢讓人知道自己的需求。關係的核心是連結，不是表現。

一個人可以活得很好，但那不代表她不渴望被愛。讓自己學會柔軟，是走向關係的第一步。

如果妳常說「我不急」，請問自己，妳是真的不急，還是害怕根本等不到？

也許，妳所缺的不是戀愛機會，而是允許自己愛與被愛的勇氣。

# 第四節　她喜歡一個人，卻不敢表白

「羞於表白的，不是沒有愛，而是太在乎失敗的結果。」

——美國作家黛博拉・泰南（Deborah Tannen）

## 如果妳是她，會怎麼做？

宜庭坐在咖啡店靠窗的位置，盯著手機螢幕看了好幾分鐘，卻遲遲沒有按下「傳送」。

她的手指一直停在那句：「我今天突然想到你。」

這樣的訊息，她其實已經打了三次，也刪了三次。她總是想著，如果他回應冷淡怎麼辦？如果對方沒在想她，那她這句話會不會太多餘？太唐突？太明示？

她心裡很清楚 —— 自己喜歡他，已經喜歡很久了。那個男生叫尚恩，是她在設計案子中認識的合作夥伴。每次見面他都會笑得很溫暖，偶爾開她玩笑，也會記得她怕冷怕辣的口味。

他不是那種高調型的帥哥，但就是會讓她心跳有點快，講話不自覺結巴，甚至會在回訊息時刻意晚個幾分鐘裝鎮定。

她的朋友都勸她：「妳可以試探一下啊，說不定他也對妳有意思！」

但她總是搖搖頭說：「我不要破壞我們的合作關係啊，而且他那麼好，應該很多人喜歡吧⋯⋯」

她明明每次聽到他說「改天請妳吃飯」就會心動得要命，卻總是回一句：「哈哈，不用啦，忙完再說。」

她明明超想問他是不是單身，卻在對方提到「上週跟朋友去宜蘭」時自動把那個「朋友」想成了「女朋友」，然後默默冷掉整個對話。

她不是不敢愛，是太怕自己「不夠好」去承擔那個愛的重量。

她常常覺得，對方只是禮貌，她自己卻總是想太多。她怕一說出口，就會被看穿那份小心翼翼的心意，然後讓兩人之間的互動變質。

「維持現在的距離，至少還能繼續互動。」她常這樣說服自己。

但她也知道，這樣的她，已經好久沒真正讓人靠近了。

## 心理學這樣看待妳的經驗

### 喜歡，卻不敢讓對方知道：羞怯型依附與「低自我價值」幻想

宜庭的困境，是許多看似開朗、實則敏感的人常經歷的戀愛心理現象。在依附理論中，這種模式常見於一種較少被單獨分類的亞型——焦慮型依附風格（anxious-preoccupied attachment）。這類型的人具備情感需求，但又缺乏對自我情感吸引力的肯定，進而產生「不敢表達、害怕丟臉、過度揣測」的心理防衛機制。

從社會比較理論（social comparison theory）的角度來看，這類人內在常有一套「被愛資格」的標準，認為對方若條件優越，自己就必須符合某些配得感的條件才能配得上對方。

因此，即使有愛意，也會因「自己還不夠好」的認知而選擇沉默；即使想靠近，也會因「怕被誤會太主動」而故意退後。

這正是關係依附型自尊（relationship-contingent self-esteem, RCSE）的典型表現之一。

### 表白焦慮症候群：恐懼拒絕的投射陷阱

心理學研究指出，戀愛中最常見的拒絕恐懼不在於對方真的拒絕，而是「自己投射了一個被拒絕的未來版本」，並提早對那種痛感作出反應。

宜庭反覆不傳訊息、刻意迴避主動邀約，其實是因為她把「被拒絕」視為個人價值的否定，而非一段關係自然的發展結果。

這種過度內化的情感解讀方式，使她將「喜歡對方但沒表達」合理化成「我尊重界線」、「我不急」，實則是一種保護自尊的假性自由 —— 不說出口，就不用面對真實結果。

但愛情，終究需要跨越那個不確定性的橋，否則就永遠停留在幻想裡。

## 妳的心理練習本

### 練習一：釐清「我不說的理由」

請誠實列出妳曾經喜歡一個人卻不說出口的情境，並回答：

- 妳當時心中預想的最壞結果是什麼？那是真實還是假設？
- 妳最怕被拒絕，還是怕自己失控？
- 如果妳永遠不說，妳會不會後悔？

### 練習二：「小幅靠近」的情感實驗

從以下幾個「不過度坦白」但能建立情感連結的行動中，選一項去嘗試：

- 在對方說完一句話時，加入一個個人感受：「我聽到你這樣說，覺得你真的很細心。」
- 主動提出一個日常話題邀請：「我最近想去某展覽，你應該會喜歡，有興趣一起去嗎？」
- 用文字訊息傳達單一事實與一點點情緒：「今天聽到某首歌想到你，很像你之前說過的那句話。」

這些行動雖小，卻是在不違反安全感的基礎上，給彼此一個「進一步靠近」的可能。

## 寫給自己的心理備忘錄：<br>勇敢，不是一下子就全說，而是願意慢慢靠近

宜庭的故事讓我們看見一件事：有時候，最怕的不是被拒絕，而是被看穿自己的渴望。

當我們一直說「不急」，其實可能內心非常渴望被需要。真正的勇氣不是突然變得主動，而是敢承認自己的喜歡，然後慢慢讓對方也有靠近妳的機會。

愛情不等人，但愛從來不該用「壓抑」來保護。

妳不需要變得更好才值得被愛，妳現在的樣子，就有說出心意的資格。

## 戀愛自我探索｜第一章專屬練習

**練習一：自我戀愛劇本探索問卷**

請簡短回答下列問題，幫助妳釐清過去的戀愛模式：

1. 妳是主動還是被動地進入過去的戀情？
2. 妳在關係中常扮演什麼角色？
3. 爭執時妳的第一反應是什麼？
4. 妳是否曾壓抑需求來維持關係？請舉例。
5. 妳在關係中最常感受到的三種情緒是？

**練習二：感情選擇背後的動機書寫**

針對妳印象最深的一段戀情，誠實書寫以下問題：

1. 當時妳的生活狀態是什麼？
2. 妳選擇靠近對方的心理動機是什麼？
3. 妳在那段關係中最在意的是什麼？
4. 妳曾為這段關係放下了哪些自己？
5. 如果重來一次，妳想提醒自己什麼？

**練習三：「我害怕什麼樣的親密？」投射測試**

請以直覺完成下列句子，協助你理解對親密關係的潛在恐懼：

1. 當一個人太靠近我時，我會感覺______。
2. 如果我把心交出去卻被忽略，我最怕的是______。
3. 在親密關係中，我最怕被發現的那一面是________。
4. 我曾經想說「我需要你」，但最後沉默，是因為______。
5. 我有時會用______（行為）來隱藏我其實想靠近的心。

# 第一章　她為什麼總是單身？

# 第二章
# 愛情欲望與選擇焦慮：
# 妳真的知道自己想要什麼？

# 第一節　需求與欲望的心理分辨法

「愛情的混亂，來自我們把『渴望』誤認成了『需要』，然後向錯的人索取幸福。」

——比裔美國心理治療師艾絲特·佩萊爾（Esther Perel）

## 如果妳是她，會怎麼做？

珊珊最近陷入一種奇怪的狀態。

她正在與一位男生交往，名叫 Alan，對方穩定、溫和、每天早安晚安都沒少，連她身體不舒服都會主動送粥上樓。但她卻時不時感到一陣空虛與躁動。

「我應該很幸福吧？」她對閨蜜這樣說，語氣卻沒有一絲確定。

「我也不知道為什麼，就是……沒有熱度。我不想分手，但也不期待他傳訊息，看到訊息反而會想關掉。」

幾天後，珊珊在一次聚會上遇見了老朋友 Kenny。Kenny 是那種會在公共場合大聲笑、講話會故意鬧她的人。他沒有 Alan 穩重，也沒有什麼成就，但他的存在總讓她覺得「好像有點被看見」。

當晚回家後，她在床上翻來覆去。腦袋裡不斷重播 Kenny 笑著叫她「小珊豬」的模樣。

她心裡明明知道：「Kenny 不適合我，我想要的是穩定成熟的人。」

但她的情緒卻在告訴她：「我想再看到他、想要更多感覺被注意的互動。」

她突然搞不清楚了 ——

她到底想要的是什麼？

是 Alan 這樣的穩定照顧？還是 Kenny 給她的那種心跳感？

她一邊責備自己「怎麼會這麼貪心」，一邊又懷疑：「我是不是在逃避真正的情感需求？」

當我們分不清自己「需要」什麼與「渴望」什麼時，愛情就變得既曖昧又混亂。

## 心理學這樣看待妳的經驗

### 「需要」與「欲望」：心理學的差異本質

在心理學中，「需要（needs）」與「欲望（wants / desires）」看似相近，實則不同。需要指的是人類為了保持心理穩定與身心整合所必須滿足的條件，例如安全感、連結感、尊重與歸屬感；欲望則多半來自外部刺激或個人經驗建構出的心理影像 —— 是一種「想要，但不一定非有不可」的存在。

法國精神分析學家拉岡（Jacques Lacan）明確區分三者：需求（Need）、欲望（Desire）、要求（Demand）。

- **需求**來自身體與心理的基本生存需要，如被接納、被安慰。
- **要求**是人際關係中的行動表達，如「你可以陪我嗎？」
- **欲望**則是超越生理需求後、源自主體缺乏與幻想的拉力，往往無法真正被滿足，只能被替代。

珊珊的狀況正是如此——她真正需要的是情感被理解與支持的穩定性，而渴望的卻是某種刺激與被注意的「戀愛感」。當這兩者未被清楚分辨時，就會產生「我是不是選錯人了？」的迷惘。

## 渴望是浪漫的，但不一定可靠

在阿德勒《被討厭的勇氣》中提到，「自由是選擇不被情緒牽著走」，這句話也可以應用在愛情中：真正的選擇力，不是跟著渴望走，而是能認出渴望不等於必需。

Kenny 對珊珊的吸引，其實是一種心理補償——當穩定關係中缺乏「自我被看見」的經驗，外部出現能激發自我感覺的互動時，會引發一種短暫的情感升溫。這種吸引力有真實性，但不具備可持續性。

若未能分辨清楚，就可能進入錯誤行為選擇（maladaptive desire acting-out）的陷阱——誤以為「想要」就是「值得追求」，而忽略了背後真正缺乏的是「需求未被對的人滿足」。

## 妳的心理練習本

### 練習一：妳現在的愛情「想要清單」與「需要清單」是什麼？

請畫一張兩欄表格，一欄寫「我渴望的愛情樣貌」，另一欄寫「我真正無法缺少的東西」。

例：

| 渴望（欲望） | 需要（需求） |
| --- | --- |
| 想要有人每天誇我好看 | 想要在脆弱時被接住 |
| 想要有心動感 | 想要有情緒安全感 |
| 想要被主動安排驚喜 | 想要對方尊重我的界線 |

然後請問自己：哪些是短期刺激？哪些是長期穩定的供給？

### 練習二：「我是為什麼動心？」的反思公式

當妳遇到一個讓妳產生好感、迷戀或心動的人，請寫下以下句子：

- 我為他著迷，是因為他讓我感覺______。
- 這個感覺是我平常缺乏的嗎？還是我本來就穩定擁有？
- 如果我用「需求」來看，他真正能滿足我什麼？還是只是一時的投射？

這些問題可以幫助妳在面對選擇時，不再被「浪漫衝動」帶走，而是學會從核心需求去判斷關係的價值。

### 寫給自己的心理備忘錄：<br>知道自己「為何想要」，比知道想要什麼更重要

愛情的混亂，多來自我們太快被「情緒上的渴望」綁走，而忘了問自己：「我真正需要的是什麼？」

珊珊的故事告訴我們，穩定感與心動感不必然對立，但若只能選一個，妳要知道自己內心的秩序是如何排列的。當妳能分辨「欲望」是風，而「需求」是地基，妳才不會因為一陣風來，就拆了自己辛苦建立的安全屋。

愛不是刺激感堆疊出來的情緒火花，而是一次次照見自己的心，並承認「我值得被滿足真正的需求」。

## 第二節　好感、迷戀與愛的心理動態

「迷戀是神經傳導物質的狂歡；愛，是當一切褪去後的選擇。」

—— 美國人類學家海倫・費雪（Helen Fisher）

### 如果妳是她，會怎麼做？

安晴最近認識了一位新對象，名叫 Eason。

他是她在某次品牌論壇上的講者，陽光、有幽默感、談吐

得宜。兩人加了社群後，就開始不斷訊息往返。Eason 很會聊天，話題總能接得剛剛好，也會故意留些空白讓她回應。這讓平時高效又果斷的安晴，第一次感受到「互動的流動」竟然能讓人上癮。

她開始期待訊息提示聲，開始花時間挑選回訊息的語氣，甚至連晚上的沐浴乳香氣都會特別挑 Eason 曾誇過的味道。

她知道，自己陷入某種心動狀態。

但她也知道，Eason 的很多條件其實與她歷來的擇偶標準不合 —— 自由接案、不穩定收入、對未來模糊不清。

這樣的人，她平常連第二眼都不會給。但這次，她卻忍不住被吸進去。

她對閨蜜說：「我覺得我瘋了。」

對方笑她：「這叫戀愛，不是瘋。」

「不，我覺得我還沒愛上他……但就是很想每天跟他說話，想他傳訊息給我。我甚至會想像我們的婚禮。」

她停頓了一下，小聲補一句：「但我連他的本名都還不知道……」

她心裡的理性與情緒此刻產生了劇烈衝突。她知道這不算真正的愛，但也無法停止投入。她困惑地問自己：

「我到底是喜歡他，還是喜歡這種感覺？」

## 心理學這樣看待妳的經驗

### 三階段戀愛模型：情慾、吸引、依附

根據美國人類學家海倫・費雪的戀愛三階段理論，人類的情感動能可區分為：

- 情慾（Lust）：驅動最初的生理吸引，與性荷爾蒙有關。
- 吸引（Attraction）：在熱戀期釋放大量多巴胺與去甲腎上腺素，產生強烈的思念與占有欲。
- 依附（Attachment）：以催產素與加壓素為主，促進信任、安全與長期承諾的建立。

安晴的狀態，正處於第二階段的高峰。她的情緒會高度放大對方的正面特質，忽略負面訊號，並將這份情感快速推演至未來可能性。這種「情緒預支」是人類大腦在戀愛中常見的現象。

### 心動≠真愛：戀愛腦的錯覺陷阱

心理學研究證實，人在迷戀狀態下，大腦的「風險判斷區」（如前額葉皮質）會短暫被抑制，導致人變得不理性，過度樂觀、過度合理化對方行為。

這就是為什麼安晴「明知道他不適合我」，卻還是難以自拔的心理原因。

這樣的狀態不表示虛假，而是過度依賴情緒激素主導的判

斷過程，若無法及時調整認知框架，容易進入「戀愛放大鏡」效應，甚至產生幻想式投射。

## 妳的心理練習本

### 練習一：

**「我喜歡他，因為……」與「我幻想他會……」的拆解練習**

請寫下妳目前心儀對象的特質，區分出實際感受到的特質與自己腦中對未來的投射。

| 他實際的行為與表現 | 我自己腦中的幻想與期待 |
|---|---|
| 他每天會早安晚安 | 他應該很重視我 |
| 他說我穿這樣好看 | 他應該是懂我內心的人 |
| 他分享自己挫折經驗 | 我們應該可以長久走下去 |

→接著問自己：這些幻想是否來自過去某段遺憾、補償或情感空缺？

### 練習二：「戀愛三問」理性釐清法

- 我是喜歡這個人，還是他給我的情緒感受？
- 若他停止主動互動，我的感覺會立刻下降嗎？
- 我了解他的生活、價值觀與人際邊界嗎？

這三個問題的答案能幫助妳看清這份情緒是「愛的開端」，還是「戀愛的幻想」。

## 寫給自己的心理備忘錄：愛是清醒後的選擇，不是情緒來襲的投降

安晴的故事提醒我們，戀愛的開始充滿美好，但唯有當情緒退潮、認知清晰，我們才知道這是不是我們要的愛。好感是一束光，迷戀是焰火，但愛是妳願意點一盞燈，在平凡日常裡與對方同行的決定。

當妳能在心動中留一分覺察，就不會被戀愛腦帶往錯誤的方向。

# 第三節　理想對象清單的陷阱與重建

「我們以為自己在尋找理想對象，其實是在逃避被看穿的恐懼。」

—— 德國哲學家埃里希．佛洛姆（Erich Fromm）

## 如果妳是她，會怎麼做？

小芷最近重讀了自己 26 歲時寫下的「理想對象清單」。

她在某次情感課程中，被老師要求列出自己擇偶的 30 條條件。那時的她，寫得興致勃勃：

183 公分以上

年薪百萬起跳

必須有兄弟姐妹（她不想男方太孤僻）

不抽菸不喝酒

喜歡狗

擁有海外工作經驗

每週能至少約會一次

……

她曾深信，只要自己努力成為「好女生」，這樣的理想型就一定會出現。而她的自律與堅強，某部分也來自於這份清單帶來的目標感。

但如今 35 歲的她，望著這張泛黃的紙，內心卻只覺得疲憊。

「原來我一直不是在找人，而是在找一個幻想。」

過去幾段戀愛經驗讓她逐漸明白：那些條件，某些確實重要，但很多其實只是一種心理投射，反映的是她對「安全感」與「確定感」的執著 —— 而不是對真實人的接納。

她想起上一任男友，條件全中清單 80%，但吵架時總不願聽她說話、關係裡沒有共識、情緒不穩定。

而某位曾經讓她內心悸動的對象，身高只有 173 公分，生活風格也沒那麼規律，卻總能讓她在煩躁時感到被理解、在低潮時給她空間與安慰。

那個人後來淡出了，因為她當時覺得「條件不夠」。

她現在才開始問自己：「我的那份清單，是不是從來沒問過『我是誰』？」

## 心理學這樣看待妳的經驗

### 擇偶清單的四種心理功能

擇偶清單，本身並不是問題。問題是我們為什麼寫？怎麼看？怎麼用？

心理學家戴維·巴斯（David Buss）曾針對人類擇偶行為進行長達數十年的跨文化研究，發現清單條件主要分為四種心理訴求：

- **生理本能傾向**：如外貌、身高、健康狀況等。
- **社會認可指標**：如收入、學歷、職業與社會地位。
- **情感關聯需求**：如溫柔、善良、幽默、會傾聽。
- **價值觀共鳴**：如人生目標一致、對家庭或獨立性的看法。

但多數人寫下的清單，其實更偏向「前兩項」—— 也就是外顯條件與社會期待。

為什麼會這樣？因為具體、量化、可預測的條件，能夠暫時提供「確定感」與「我配得上更好」的心理穩定。但這樣的清單，卻可能造成以下陷阱：

## 清單的四大心理陷阱

- **完美主義投射**：把自己對理想生活的渴望投射到對方身上，實際上不是想找人共生，而是找一個「安全出口」。
- **條件過濾迷思**：過度用理性刪除可能的人選，忽略了互動中可能出現的真誠與深度。
- **偽價值掩護**：假借「我要高標準」之名，逃避內心的脆弱與真實互動。
- **認知僵化危機**：當清單變成一種「沒達到就不可能發展」的指標，反而阻擋了感情流動。

# 妳的心理練習本

## 練習一：清單重構練習 —— 從條件到價值

請將妳原本的擇偶清單列出來，並問自己三個問題：

- 這個條件，是社會教我的，還是我真正重視的？
- 如果這項特質不存在，但他能給我情緒上的尊重與支持，我是否仍能接受？
- 我是否也具備這個特質？或其實只是我無法給自己的？

然後，請重新整理成「我真正重視的核心價值」，例如：

| 舊清單條件 | 真正價值轉換 |
| --- | --- |
| 年薪百萬以上 | 有責任感與未來規劃意識 |

| 舊清單條件 | 真正價值轉換 |
|---|---|
| 183 公分以上 | 身體健康、注重生活品質 |
| 有海外經驗 | 思想開放、能夠包容差異 |
| 不抽菸不喝酒 | 尊重彼此生活選擇 |

### 練習二：清單對話練習 —— 妳與清單的「和解書信」

請試著寫一段話給自己當初寫下清單的那個妳：

親愛的自己：

我知道妳當時列下那些條件，是因為妳想讓自己過得更好，也怕再次受傷。但現在的我，想問妳：妳是否願意相信，有些溫柔與信任，不來自條件，而來自陪伴？我會試著讓愛進來，不是只進入我設下的門檻，而是真實來到我身邊的那個人。

這封信，讓妳重新與內在的「控制欲」對話，也與那份不安的自己和解。

## 寫給自己的心理備忘錄：擇偶清單，是妳怎麼愛自己的縮影

小芷的故事告訴我們，擇偶清單本身沒有錯，錯的是我們用它來取代了接納真實人的能力。當我們把愛情變成履歷篩選，就忘了愛最重要的是「互動與生成」。

條件不該是愛的門票，而是確認彼此是否能在相似與差異中共生的起點。當妳放下那些為了「證明自己值得」而寫下的條

件，才能真正開始看見：「這個人，是不是讓我在關係中感覺自己更好？」

不必丟掉清單，只是妳要重寫一份，是寫給現在的妳，不是過去那個想保護自己、又怕被拒絕的小女孩。

## 第四節　選擇障礙與焦慮依附的修復法

「當我們一直想選最好，就永遠無法擁抱眼前真正的好。」

—— 美國心理學家貝瑞・史瓦茲（Barry Schwartz）

### 如果妳是她，會怎麼做？

若彤又把約會取消了。這是她第四次臨時放對方鴿子。

她不是不想見面，只是當男生說出「我們要不要正式交往看看？」時，她整個人彷彿被拉進一場腦內風暴。

她開始過度思考：

「他會不會只是說說而已？我會不會又全心投入最後被甩？」

「這段關係是不是來得太快了？我是不是應該再觀察一下？」

「他跟我聊的話題好像還不夠深，他真的了解我嗎？」

「我是不是只是怕孤單才想答應？」

她不是沒有感覺，而是感覺太多，導致大腦無法聚焦在決策上。

她曾試著用邏輯思維解釋自己：「我只是謹慎，總比隨便踏進關係又後悔好吧。」

但她也隱隱知道，那些謹慎的背後，是焦慮與自我否定的交織。

她常常陷入一種矛盾的狀態：渴望一段親密關係，但只要對方靠近、情感進入深化階段，她的身體就會產生不自覺的抗拒 —— 開始挑剔對方的細節、懷疑對方的誠意、預設關係會崩解。

她說：「我不是不想選，我是怕我選錯了就會失去所有。」

但她沒發現的是，她早已因「不選」而失去了好幾次能夠擁有幸福的可能。

## 心理學這樣看待妳的經驗

### 焦慮型依附如何造成選擇障礙？

在依附理論中，「焦慮型依附」（anxious-preoccupied attachment）是一種對關係過度在意、但又深怕失去的依附風格。這類型的女性在戀愛中往往有以下行為特徵：

- **高度敏感於關係訊號**，容易對對方的冷淡、延遲回訊產生過度解讀。

- **傾向提前模擬關係風險**，如：「如果他離開我怎麼辦？」
- **過度檢視選擇的正當性與安全性**，導致行動遲疑或反覆改變主意。

心理學家貝瑞·史瓦茲曾提出「選擇悖論」(paradox of choice)，指出選擇愈多，人們的焦慮與後悔感就愈強。焦慮型依附者更容易在選擇面前感受到決策壓力與完美化焦慮，他們會不斷想像最壞情境，來阻止自己「全心投入」。

但這其實是一種控制錯覺 (illusion of control)：透過不選擇來保護自己不受傷，實則讓愛無法靠近。

### 修復焦慮依附的三大心理基礎：安全、自我價值與耐心

焦慮型依附並非無法改變，而是需要以下三項心理條件逐步修復：

- **內在安全感的重建**：學習自我安撫、獨立於關係之外擁有穩定感。
- **自我價值的確認**：理解「我不需要被選擇才有價值」，關係是我願意投入的選擇，而非自我價值的賭注。
- **耐心容許感情生成**：放下立即要「確定感」的焦慮，允許關係透過自然互動慢慢成形。

這三者是愛情決策穩定的心理地基，當妳越能穩定自己，就越能辨識誰是值得走進生命的人。

## 妳的心理練習本

### 練習一：我在怕什麼？選擇困境剖析卡

請誠實寫下以下句子：

- 當我面對某個人的邀約或靠近時，我的第一直覺是什麼？
- 我是否會因「怕被拒絕」、「怕對方變心」、「怕對方看穿我」而退後？
- 這些怕，是基於真實事件，還是我想像出來的風險？

接著，試著問自己：「這個人曾給我實際的傷害嗎？還是我正在用過去的傷害防備一個現在的人？」

### 練習二：「安全感來源地圖」建立法

請寫下三種妳在關係以外也能獲得的安全感來源，例如：

| 來源 | 描述 |
|---|---|
| 自我照顧 | 每週固定瑜珈與寫日記，安頓身心 |
| 支持系統 | 有三位能深談的朋友，遇事能被接住 |
| 內在信念 | 我相信自己值得被愛，不管結果如何 |

當妳能夠建立「非由愛情而生的安全感」，妳才會在面對關係時少一點恐懼、多一點選擇自由。

## 寫給自己的心理備忘錄：選擇的背後，是信任自己的能力

若彤的故事讓我們明白：不是所有選擇困難都來自不夠愛，而是來自對自己能否承擔選擇後果的不信任。

選擇本身不是壓力，對失敗的恐懼才是。當我們越能信任自己，即使結果不如預期，也不會覺得失敗是一場自我否定；當我們知道「我值得幸福」，就不會把每一次選擇當成生死題來解答。

愛不是一定要選到「最好的」，而是選擇「願意一起面對生活的人」，然後允許自己從不確定中長出穩定。

真正的修復，不是做出完美選擇，而是即使心裡不安，也勇敢說出：「我願意靠近。」

## 戀愛自我探索｜第二章專屬練習

**練習一：需求與欲望區分練習**

請針對以下列舉的情境，嘗試判斷妳的「想要」究竟是內在需求，還是來自外在投射的欲望。

1. 我渴望另一半每天主動關心我，這是因為______（安全感的需求？還是被愛的幻想？）

2. 我希望對方在交友圈中表現出我是他的唯一，這是因為______。

3. 我期待另一半經濟能力穩定，這是______（實際生活需求？還是比較心理作祟？）

**練習二：理想對象清單重建法**

請寫下妳對理想伴侶的十項條件，並標注：

★代表非他不可的「核心價值類條件」

☆代表可討論調整的「生活風格類條件」

—代表其實不重要但過去曾被影響的「社會標籤類條件」

1. ____________________

2. ____________________

3. ____________________

4. ____________________

5. ____________________

6. ____________________

7. ____________________

8. ____________________

9. ____________________

10. ____________________

**練習三：感情選擇焦慮自我檢測**

請誠實勾選下列妳曾有過的想法或經驗：

☐ 在面對感情選擇時，我總是反覆猶豫，不敢下決定

☐ 我常擔心選擇錯人會毀了我的人生

☐ 只要遇到不錯的人，我就會擔心是不是還有更好的

☐ 別人越說我該珍惜，我越想逃跑

☐ 明明對一個人很有好感，卻總在對方靠近時想退縮

☐ 我習慣想像對方的缺點來阻止自己投入

若勾選超過三項，代表妳的選擇焦慮已影響妳的戀愛行動力，建議搭配日記或諮商探索其背後成因。

# 第三章
# 吸引力不是外貌，是心理能量場

## 第一節　貝克認知療法看「吸引力迷思」

「吸引力從來不是你有多漂亮，而是你看待自己的方式，決定了別人怎麼看你。」

—— 美國精神病學家大衛・伯恩斯（David Burns）

### 如果妳是她，會怎麼做？

安晴在洗手間裡，盯著鏡子看了第五分鐘。

她今天打扮得比平常精緻，穿了米白色西裝外套、搭配珍珠耳環，妝容也特地用了柔霧粉底，把臉頰輪廓修得更立體。

她準備去參加一場品牌交流酒會，據說會有不少單身、條件不錯的創業家與投資人出席。她不是為了「獵男」而去，但內心某個聲音也沒否認 —— 她有點期待能「被注意」。

然而，她又開始焦慮了。

「我是不是看起來太強勢？」

「我這樣的穿搭是不是不夠性感？」

「我是不是太瘦了？看起來沒什麼親切感？」

「那些女人身材又辣又會撒嬌，我根本不可能比得上……」

她的內在對話像一場沒有終點的審判。

明明朋友都說她是氣場型美女，但她內心從未真正相信自己有「吸引力」。她總覺得自己的外貌只是加分，真正能吸引人的，似乎一直都不是自己這個人。

她甚至開始回想起高中時期，曾經有一段被男同學嘲笑為「太 man」的記憶；還有某次約會後，對方說她「太幹練，讓人壓力很大」。那幾句話，就像刺青一樣刻在她心裡。

她曾經想過，自己是不是就天生不適合談戀愛。

直到她在某次心理課程中，第一次聽到「認知扭曲」這個詞，才開始察覺 —— 原來她不是不夠吸引人，而是她一直不允許自己被喜歡。

## 心理學這樣看待妳的經驗

### 認知扭曲：讓妳對自己魅力「自動縮小」的心理陷阱

認知行為治療之父亞倫・貝克（Aaron T. Beck）提出的理論中，人的情緒與行為是被「自動想法」所驅動，而這些自動想法若經常帶有偏誤，就會形成所謂的認知扭曲（Cognitive Distortion）。

安晴的例子，正好符合幾種常見的認知扭曲：

- **以偏概全（Overgeneralization）**：一兩次的負面評價被放大解讀為「我整體不夠有吸引力」。
- **負面濾鏡（Mental Filter）**：只專注在自己外貌的不滿意處，而忽略了他人正面評價。

- **貼標籤（Labeling）**：將「幹練」、「理性」直接標籤為「不性感」、「無女人味」。
- **讀心術（Mind Reading）**：預設他人會因為自己太強就不敢接近，並以此自我防衛。

這些扭曲型思考模式讓一個人即使條件再好，也無法體會自己真實的吸引力；也讓她在潛意識中發出「我不值得被愛」的訊號，進而讓吸引力場逐漸消失。

### 真正的吸引力來自於「心理一致性」

CBT 治療師指出，吸引力的根源其實不是外貌的客觀數值，而是「一個人如何整合自己的情緒、自我與價值觀」，這種整合會自然產生一種心理一致性（cognitive-emotional coherence）的氛圍。

簡單來說，就是：當一個人清楚知道自己是誰、想要什麼、並接受自己的樣貌與特質時，他就自然會散發出吸引人的氣場。

這種氣場不是透過性感、外貌、言語技巧製造出來，而是來自於內在的真誠與穩定。

## 妳的心理練習本

### 練習一：辨識妳的「吸引力認知扭曲」

請寫下妳最近一次覺得自己「不夠吸引人」的經驗，然後回答以下問題：

- 當時妳內心的自我對話是什麼？
- 那個想法符合事實嗎？還是只是情緒驅動？
- 妳是否用了放大、否定、預設他人反應等方式判斷自己？

### 練習二：吸引力能量補強句

以下是三句可練習的心理暗示語，每天照鏡子時或出門前唸一次，讓妳的大腦逐漸重建自我形象：

- 「我的魅力來自於我接納自己的方式。」
- 「我不用模仿別人，我的獨特就是吸引力。」
- 「當我安住自己時，我最有光。」

這些語句乍看簡單，但若每日實踐三週，根據 CBT 研究會對自我形象產生正面影響。

## 寫給自己的心理備忘錄：吸引力是從「我相信我值得被愛」開始的

安晴的故事讓我們看到：吸引力不是擁有更多條件，而是刪除讓自己「遮掩能量」的信念。當一個人連自己都不敢喜歡自己時，世界也很難替她開燈。

CBT 提醒我們：妳的感覺不是事實，但妳的信念會決定妳的表達，而那才是人與人之間最直接感受到的吸引力來源。

所以別再問「我看起來夠不夠吸引人？」請改問自己：「我今天，有沒有看見自己的光？」

## 第二節　自我揭露與人格魅力的建立策略

「人格魅力不在於你說了什麼，而是你願意讓人看見真實的你。」

——美國當代精神醫學大師歐文．亞隆（Irvin Yalom）

### 如果妳是她，會怎麼做？

宜庭一直以來都是團體中的開心果，總能讓氣氛熱絡、話題不冷場。但她心裡其實知道，那些笑容與調侃背後，常常是一種「不要讓人看出我緊張」的表演。

她最擅長閃避的就是「自我揭露」這件事。

不論與誰互動，她總能掌握氣氛、聊流行、談興趣，但一旦對方問起「那妳自己怎麼看感情？」、「妳以前有沒有過很在乎的人？」這類問題時，她就會自動把話題轉向對方。

她覺得，談自己的事太赤裸、太難堪，她總怕對方聽完會評價：「妳怎麼這樣想？」、「妳也太敏感了吧？」

久而久之，雖然她擁有許多朋友與互動對象，但她內心卻常感覺不到「真正的靠近」。

她說：「我好像永遠都是被喜歡，但不是被了解。」

直到有天，她在一次設計師聚會中，與一位名叫 Leo 的男生聊了三個小時，竟然前所未有地分享了自己父母早離異、她從小對「家庭」一詞有種複雜情結。她講完時有點後悔，覺得自己是不是太多話了。

但 Leo 只是靜靜地說：「謝謝妳讓我知道妳的故事，我反而覺得妳很真。」

那一刻，她突然感覺到自己被真實地看見了。不是因為完美，不是因為有趣，而是因為她不再藏起那些不完美的部分。

## 心理學這樣看待妳的經驗

### 自我揭露：建立情感吸引的核心機制

在社會心理學中，「自我揭露（self-disclosure）」是指個體願意向他人分享關於自己的想法、經驗、情緒與信念。研究發現，自我揭露的行為能夠促進人際吸引、關係親密與信任建立。

尤其在初期互動中，適當的自我揭露有三項心理效益：

- **降低陌生感與防衛牆**：讓對方感受到妳信任他，進而願意打開自己。
- **創造認同感與共鳴**：當對方感受到相似經驗，更容易產生情感連結。

- **促進真誠氛圍**：比起完美的形象，人更容易喜歡「能夠展現真實情緒」的人。

但前提是——自我揭露必須適度、有層次、配合對方的情感節奏。這就是人格魅力形成的關鍵策略。

## 人格魅力≠天生吸引，而是情緒透明度＋情境智慧

人格魅力在心理學上是一種整體感受，由以下三種內在表現構成：

- **真實性**（Authenticity）：願意展現自己的情緒與信念，不刻意討好或偽裝。
- **一致性**（Congruence）：言語與行為一致，舉止不矛盾、態度可預期。
- **情緒可親性**（Affective availability）：讓人覺得「可以靠近」，不防備、不過度距離。

宜庭過去雖然外向，卻因為情緒防衛而讓人始終停留在她的外殼周圍。當她開始進行有意識的自我揭露，她才真正打開了「情緒可親性」的門。

這種魅力，不來自技巧，而來自勇氣。

# 妳的心理練習本

## 練習一：妳願意透露的「五層心理洋蔥」

請畫一顆洋蔥，分為五層，寫下妳願意與對象互動中揭露的程度：

| 洋蔥層級 | 可透露的內容範圍 |
| --- | --- |
| 第 1 層 | 興趣、日常話題（音樂、電影、寵物） |
| 第 2 層 | 個人習慣、價值觀（工作模式、人生態度） |
| 第 3 層 | 過往經驗（求學、友情、戀愛故事片段） |
| 第 4 層 | 情緒脆弱（失落、後悔、內疚、自我懷疑） |
| 第 5 層 | 信念核心（對愛的定義、對人生意義的反思） |

→請自問：我目前最常停在哪一層？我要不要試著往內揭露一層？

## 練習二：「我也曾這樣過」共鳴對話練習

下次與對象互動時，試著用下列句型展開更深入的對話：

- 「你這樣說讓我想到我自己某一次……」
- 「我其實也有一段類似的經歷，那時候我感覺……」
- 「我不常講這段，但我願意跟你分享……」

這類語句是「情感共振器」，能在不突兀的情境中拉近彼此距離，也訓練妳更熟悉自己的故事。

### 寫給自己的心理備忘錄：<br>魅力不是變得多好，而是讓人看見「妳是誰」

宜庭的改變讓我們看見，真正讓人著迷的，不是妳的社交技巧，而是妳是否願意放下面具，與人真誠相處。

自我揭露不是揭瘡疤，也不是訴苦，它是一種邀請——邀請對方走進妳的真實世界。

當妳願意說出「這就是我，但我不完美也沒關係」，那份自在與真誠，就是人格魅力最自然的顯現。

## 第三節　自信 vs. 驕傲：<br>妳的心理邊界在哪裡？

「真正的自信不是不需要別人，而是即使需要，也不怕讓人知道。」

——美國社會工作研究者布芮妮・布朗（Brené Brown）

### 如果妳是她，會怎麼做？

珊珊最近約會了一個工程師男生，彼此聊天滿有火花，談了幾次後，對方主動提出：「妳想再見面嗎？我可以下週安排。」

她笑了笑，語氣自然但略帶距離地說：「再看看吧，我最近有點忙。」

說完那句話，她立刻察覺到自己內心某種微妙的反差。

明明她心裡是期待的，但她就是不想讓對方知道她期待。

不是害羞，而是一種習慣性的心理姿態。她總覺得：「如果我太熱情，會讓對方覺得我太容易得到。」

又或是：「我要保持一點距離，這樣對方才會繼續靠近。」

這樣的策略她操作得爐火純青。幾乎所有認識她的男性都說她「有氣場」、「自信獨立」、「不好追」，但也幾乎沒人真正進入過她的心。

她習慣先讓自己看起來不可侵犯，然後在心裡默默觀察對方的反應。如果對方退後了，她會告訴自己：「看吧，我就知道他不夠穩定。」

如果對方繼續靠近，她會再退一步：「這種太黏的，我也不行。」

她不是不想被愛，而是怕自己一旦卸下鎧甲，就再也收不回那份脆弱。

她說：「我其實很怕人家覺得我驕傲，因為我不是那種高高在上的人。但我也不想讓人覺得我太容易被拿下。」

她知道，這樣的她，始終站在愛情的邊界內外——靠近不了，也離不開。

## 心理學這樣看待妳的經驗

### 自信與驕傲的心理能量差異

從心理能量場（psychological field）觀點來看，自信與驕傲表面相似，內在卻有本質差異：

| 自信（Confidence） | 驕傲（Arrogance） |
|---|---|
| 建立在內在穩定與自我價值認可之上 | 建立在他人評價的依賴與防衛機制之上 |
| 能接受不完美，敢承認脆弱 | 否認脆弱，<br>害怕示弱造成地位不穩 |
| 有邊界感但不拒絕親近 | 高牆感強烈，帶有情緒防衛 |
| 吸引人靠近並激發互動意願 | 讓人卻步或感到壓力 |

珊珊的狀況屬於一種「高功能防衛型自信」，她擁有表面穩定的形象與行為模式，但這些是建構在一套「不能輸、不能被看穿、不能太在意」的信念系統上。

這套信念實際上來自於情緒脆弱區的防禦性邊界設置。她其實不是真正高傲，而是不知如何在關係中安全地示弱。

### 健康心理邊界的三個層次

美國作家尼娜．W．布朗（Nina W. Brown）提出「健康心理邊界」的三層模型，有助於個體在情感中維持自我感又能建立連結：

- **自我價值邊界**：知道自己值得被尊重，即使有情緒需求也不等於軟弱。
- **情緒表達邊界**：能適度表達想念、喜歡、需要陪伴等情感，不會因此焦慮或自責。
- **關係互動邊界**：懂得「來回」的動態，不全退也不全進，能根據回饋調整靠近方式。

珊珊的困難正是在第二層邊界停滯，她無法自在地說：「我想再見你一次」，因為她內心預設「示弱等於被看輕」。

而事實上，真實的表達才是維繫吸引力與深化關係的關鍵要素。

## 妳的心理練習本

### 練習一：辨識「高牆式自信」的三個假面信念

請寫下以下三句話的答案：

- 我最不願讓人看見的脆弱是什麼？為什麼？
- 我是不是把「不主動」誤當作「保持神祕」？
- 我有多久沒主動說出「我想再見你一次」了？為什麼沒說？

這些答案將幫助妳釐清自己「驕傲感」背後是否藏著對被拒絕的恐懼或對失控的焦慮。

### 練習二：「安全靠近語」溫柔釋出練習

下次與人互動時，請試著使用下列語句，測試自己打開自信邊界的能力：

- 「我今天其實還滿想見你的，謝謝你願意來。」
- 「其實我有一點緊張，但還是很想跟你多聊。」
- 「我有點慢熱，但我喜歡跟你在一起的感覺。」

這些語句會激發對方的回應欲望，建立親密感的橋梁，也讓妳從「不能退讓」的戰場，轉向「真實靠近」的關係節奏。

## 寫給自己的心理備忘錄：<br>妳不用假裝堅強，才值得被珍惜

珊珊的故事讓我們明白：很多時候，我們所謂的「高標準」、「獨立」、「不好追」，其實是用來掩飾一件事 —— 我們怕太容易被喜歡，也怕被討厭。

真正的自信不是拒人於千里之外，而是能在合適的時機，讓對方走近自己，不怕看到我們的不完美。

妳可以理性，也可以柔軟；可以有原則，也可以說「我想你」。那才是最穩的心理能量場。

因為，魅力從來不是一種武器，而是一種選擇 —— 選擇讓人看見，然後不再害怕。

# 第四節　MBTI 戀愛吸引力地圖解析

「妳不是要成為最吸引人的人，而是要成為對某個人來說，剛剛好的那個人。」

——MBTI 共同創建者

伊莎貝爾．布里格斯．邁爾斯（Isabel Briggs Myers）

## 故事導入

在一次團體心理工作坊中，安晴、珊珊、小芷、宜庭與若彤被邀請進行 MBTI 人格測驗，透過結果來討論各自的戀愛模式。

結果如下：

- 安晴是 INTJ（策士型）：冷靜有遠見，對愛情有標準但不輕易投入。
- 珊珊是 ENFP（激勵者型）：感性豐富，心思細膩，容易動情也容易逃避。
- 小芷是 ISTP（工匠型）：安靜理性，習慣保有距離，信任難建立但一旦投入非常穩定。
- 宜庭是 ESFJ（照顧者型）：溫暖親切，重視和諧，在戀愛中容易迎合。
- 若彤是 INFP（仲裁者型）：情感深邃，自我期許高，常陷入理想與現實的掙扎。

這場討論意外讓她們重新看見自己——

原來吸引力從來不是單一標準，而是每種人格都有一種專屬頻率，當妳了解它、擁抱它，妳就會自然發光。

## 心理學這樣看待妳的經驗

### MBTI 人格與戀愛吸引力的四個構面

MBTI 人格工具將人分為 16 型人格，依據四組心理傾向構成。這些傾向影響我們如何建立關係、表達情感與面對衝突。以下是戀愛吸引力中最具影響力的四對構面解析：

**1. 外向（E）vs. 內向（I）｜妳的能量場向內還是向外？**

| 類型 | 吸引力來源 | 吸引力特質 | 建議策略 |
|---|---|---|---|
| 外向者（E） | 親和力、能量感、主動互動 | 陪伴感強、讓人自在、主動讓人靠近 | 練習「深度交流」，不只停留在表面話題 |
| 內向者（I） | 深度、神祕感、可信賴 | 情緒穩定、細膩觀察、有深度的人格磁場 | 練習「小步自我揭露」，逐步建立連結感 |

**2. 感知（S）vs. 直覺（N）｜妳吸引的是細節還是想像？**

| 類型 | 吸引力來源 | 吸引力特質 | 建議策略 |
|---|---|---|---|
| 感知者（S） | 現實感、實在感、貼心與務實 | 讓人有安全感、懂得照顧日常細節 | 展現「可共度日常」的能力 |

| 類型 | 吸引力來源 | 吸引力特質 | 建議策略 |
|---|---|---|---|
| 直覺者（N） | 抽象思維、創造力、思想激盪與情感共鳴 | 有想法、有深度、能聊心靈與人生 | 學會將理念落地，讓對方看見妳的「實際願景」 |

### 3. 思考（T） vs. 情感（F）｜妳的魅力是分析還是共鳴？

| 類型 | 吸引力來源 | 吸引力特質 | 建議策略 |
|---|---|---|---|
| 思考者（T） | 理性判斷、邏輯清晰、果斷行動 | 可靠、聰明、有主見 | 補足情感回應力，別讓人覺得太冷 |
| 情感者（F） | 情緒敏感、價值導向、共感能力 | 溫柔、有包容力、能讓人安心 | 練習表達立場，避免「太好說話」 |

### 4. 判斷（J） vs. 知覺（P）｜妳給人的感覺是安定還是自由？

| 類型 | 吸引力來源 | 吸引力特質 | 建議策略 |
|---|---|---|---|
| 判斷型（J） | 計畫性、結構性、掌控感帶來的穩定感 | 清楚人生方向、有成熟感 | 放鬆控制感，學會接受關係中的不確定性 |
| 知覺型（P） | 靈活性、開放性、探索精神與不預期驚喜 | 開放、充滿驚喜、不讓人無聊 | 表達自己的願景，避免讓人感覺漂浮與缺乏方向感 |

## 妳的心理練習本

### 練習一：寫下妳的 MBTI 人格與戀愛優勢

請填入以下句子，幫助自己了解自己的戀愛吸引力：

我的 MBTI 人格是：________________

我在人際互動中最自然吸引人的特質是：________________

我容易讓對方誤解的地方是：________________

我想學會的新吸引力特質是：________________

### 練習二：配對策略筆記｜誰與我互補？

請根據以下邏輯，思考妳與他人的互動關係：

| 我的特質 | 吸引來的對象可能是 | 吸引力互補提醒 |
|---|---|---|
| 內向＋理性 | 外向＋情感型 | 學會開口，對方才敢靠近 |
| 情感＋判斷 | 思考＋知覺型 | 勇敢說出需求，<br>不怕被說情緒化 |
| 開放＋好奇 | 穩定＋重結構者 | 表達自由前，<br>先讓人看見妳的安全感 |

這些思考不為框架妳，而是協助妳看見吸引力的多種樣貌。

## 寫給自己的心理備忘錄：<br>找到妳的頻率，妳就會吸引對的人

MBTI 不是讓妳貼標籤，而是讓妳明白：妳的吸引力不在於改變自己，而在於理解自己原本就很獨特。

不是每個人都會喜歡妳，但總有人，會因妳的某個氣質而深深被打動。

當妳停止假裝，開始頻率對齊，妳就會知道：

不是妳不夠吸引人，而是妳一直把光藏在了別人的標準裡。

## 戀愛自我探索｜第三章專屬練習

### 練習一：人格魅力與自我揭露演練

請完成以下句子，練習向他人揭露妳的內在特質，並檢視妳是否展現了真實的自己：

1. 在一段關係裡，我最希望對方看到我哪一面？
2. 我曾在初期互動中刻意隱藏的部分是什麼？為什麼？
3. 我覺得最能代表我個性的一句話是________________。

### 練習二：MBTI 吸引風格速配評估

請簡單寫下妳的 MBTI 人格類型，並反思妳過去與哪一類型的對象互動最愉快或最有火花。

我的 MBTI：________________

最吸引我的對象類型是：

我與這類型的人互動時，會產生的連結感是：

是否也曾出現過衝突模式？如何處理？

**練習三：自信語言與心理邊界書寫卡**

請寫下妳想建立的三句「自我強化語言」，用以面對曖昧、相處或情緒起伏時的自我對話：

1. 當我不被理解時，我可以對自己說：________________
2. 當我不確定對方感受時，我提醒自己：________________
3. 當我感覺自己太過配合時，我要記得：________________

# 第四章
# 愛情開場心理學：
# 從搭訕到初約會的心戰技巧

## 第一節　心理預期效應：妳決定了自己有多吸引人

「當你相信自己值得被愛，世界就會幫你實現這份信念。」

—— 加拿大心理學家亞伯特．班度拉（Albert Bandura）

### 如果妳是她，會怎麼做？

若彤收到一場品牌合作的邀請，對方是一位自由影像導演，名叫 Derek，熱情爽朗，長得乾乾淨淨。她在訊息裡覺得對方人很不錯，對她的作品也很有興趣。

但當她準備要赴第一次面談兼午餐時，她的內心開始不安起來。

她站在鏡子前檢查妝容，又看了三次自己穿的襯衫會不會太素、裙子會不會太保守。她一邊補口紅，一邊心裡嘀咕：「我這樣會不會沒吸引力啊？他應該喜歡那種有點辣的女生吧？」

到了餐廳門口，她看見 Derek 朝她笑，舉手示意時，她回了個微笑，但神情卻有點僵。

整場飯她說得不多，怕話太多顯得主動，笑也不敢太放鬆，深怕自己說錯話會讓對方反感。她小心應對、客氣得體，回家後卻感覺空虛又懊惱。

Derek 後來沒有再主動聯絡她。

她苦笑著對朋友說：「我覺得他應該對我沒興趣吧。我那天太無聊了，也可能我氣質不是他喜歡的類型。」

朋友反問她一句：「妳有喜歡妳那天的自己嗎？」

她沉默了。

她開始明白，那天真正影響互動的，不是她的穿搭、談吐或話題，而是 —— 她早就預設自己沒有吸引力。

## 心理學這樣看待妳的經驗

### 自證預言效應：妳以為會發生的事，會因妳的行為而發生

心理學中的「自證預言（self-fulfilling prophecy）」是由社會學者羅伯特・金・莫頓（Robert K. Merton）提出的一個理論：當一個人對未來產生某種信念時，她會根據這個信念調整自己的行為，進而讓這個信念成真。

應用到戀愛場景中，如果妳預設自己「沒吸引力」、「不會有人喜歡我」、「我可能不是他的菜」，那麼：

- 妳在互動中會刻意退縮
- 妳會迴避開場話題
- 妳可能不敢發問、不敢主動回應
- 妳會過度觀察對方表情而忽略自然互動

這些行為都會讓原本可能產生連結的互動氛圍變得緊繃、

生硬、不對頻。最後妳的信念變成了事實 —— 不是因為妳不夠好，而是妳相信自己不夠好，並用行為讓它發生。

### 吸引力的「內在投射理論」：氣場是心理信念的延伸

心理學家班度拉也提出「自我效能感（self-efficacy）」的理論，指的是一個人相信自己能成功完成某件事的信念，會直接影響她是否會採取行動、堅持努力、如何面對挫折。

戀愛初期的吸引力，其實是一種心理能量的投射：

- 妳相信自己值得被喜歡
- 妳自然會表現出自在、開放、正向的非語言訊息
- 對方就更可能回應妳的情緒狀態

這種現象，就是我們俗稱的「氣場」或「能量場」的心理根源。

## 妳的心理練習本

### 練習一：自我吸引力信念盤點

請靜下心來回答以下問題，誠實寫下內在對話：

- 當我要赴一次約會或初次見面時，我內心最常冒出的念頭是什麼？
- 我最擔心對方對我哪一點有負面印象？
- 如果對方沒有回應我，我會怎麼解讀？會認為自己不夠好嗎？

然後請問自己：「這些想法有根據嗎？還是只是過去經驗的陰影？」

### 練習二：「吸引力自我暗示」鏡子練習（每日 3 分鐘）

請對著鏡子，每天唸出以下三句話，並看著自己的眼睛：

- 「我值得被喜歡，不需要討好才能被接納。」
- 「我不需要完美才能吸引人，我只要真實地表達自己。」
- 「我今天是我，這就足夠吸引對的人靠近。」

這項練習若持續三週，能顯著提升妳的情緒穩定度與非語言吸引力表現（如眼神、表情、姿態等）。

## 寫給自己的心理備忘錄：戀愛開場的關鍵，是妳對自己的設定

若彤的故事提醒我們：戀愛不是誰條件好誰就贏，而是誰更相信自己值得被愛，誰就能創造出真正的吸引力場域。

第一印象，其實來自妳給自己的印象。當妳認為自己不夠好，妳就會退縮、防衛、保持距離；而當妳認為自己有魅力，妳就會敞開、專注、自然互動。

愛情的開場，其實就是一場心理能量的交換。

記住：吸引力，不是對方給妳的評價，而是妳對自己的認同。

# 第二節　高價值開場白與「第一印象」管理術

「人不一定記得你說了什麼，但永遠記得你讓他感覺如何。」

—— 美國作家瑪雅・安傑洛（Maya Angelou）

## 如果妳是她，會怎麼做？

安晴又收到一封活動邀約，是某位投資人主辦的小型創業晚餐會，邀請她分享品牌策略經驗。她其實已經忙翻天，但這場飯局她還是答應了，原因有一半是出於職涯考量，另一半……來自某個名字。

Alan，一個曾在另一場論壇上與她短暫互動的男創辦人，據說也會出席。

她記得那次他主動過來寒暄，說她的簡報風格「很像 Netflix 編劇」，還說想聽她多聊聊品牌背後的心理策略。

當時她禮貌微笑：「謝謝，這是團隊一起努力的成果。」

回想起來，她後悔了。不是因為說錯話，而是她知道自己沒有讓對話「活起來」。

她太習慣當那個冷靜、有效率的說話者了。即使對方釋出興趣，她也總是回答得四平八穩，沒有情緒起伏、沒有讓人想追問的空間。

她不是沒吸引力，是沒讓人「進得來」。

這次赴會之前，她特別練習幾句情緒有溫度、主動釋放好奇心的開場白。她知道，不是她不夠迷人，而是她的「語氣與表達方式」，從來都沒有讓人覺得有門可入。

## 心理學這樣看待妳的經驗

### 第一印象的心理學真相：從「預設分類」到「情緒回饋」

心理學研究顯示，一個人對陌生人形成第一印象的時間大約在前 7 ～ 30 秒之間，其中語氣、眼神、微表情與肢體語言占據主導地位。這種快速判斷依據並非邏輯，而是情緒直覺反應。

社會心理學家艾美．柯蒂（Amy Cuddy）指出，「第一印象其實只問兩個問題」：

- 我能信任這個人嗎？（溫度）
- 我能尊重這個人嗎？（能力）

而多數女性在戀愛開場常陷入兩個極端：

- 過度強調能力→顯得距離感太重，無法親近
- 過度迎合好感→降低自我價值，缺乏吸引的張力

因此，所謂的高價值開場白，不是高調自誇，而是在展現自我同時，創造情緒能量的來回感。

## 高價值開場白的心理策略

一個好開場，要符合三個原則：

- **有內容（具象）**：別只說「你好」、「我也喜歡這個」，要讓對方知道妳有主體意識。
- **有情緒（溫度）**：加入妳的反應與感受，讓對方感覺妳在「互動」，不是「禮貌應對」。
- **有空隙（延伸）**：開場別說死，保留讓對方能追問、互動的空間。

## 實戰示例

| 類型 | 低價值說法 | 高價值轉化開場 |
|---|---|---|
| 談自己興趣 | 「我平常都在工作，很忙。」 | 「我最近在研究咖啡豆產地，發現味道跟高度有關，超有趣的！」 |
| 談共通話題 | 「對啊，我也看Netflix。」 | 「我最近在看一部劇，劇情很像我們品牌的客群思維，你會喜歡。」 |
| 談對方話題 | 「哇，你工作好厲害喔。」 | 「你剛剛講那句『產品是感情的容器』我超有感，你平常都這樣觀察人嗎？」 |

重點在於：讓對話不是結束，而是開端。

## 妳的心理練習本

### 練習一：開場三問練習

下次參加社交活動、見面約會前，請寫下以下句子：

- 我今天最想分享的一個小觀點是什麼？
- 我會用哪個情緒詞開場（興奮、有趣、好奇、驚喜）？
- 我會準備一個讓對方可以延伸的提問或回應句是什麼？

這樣準備，能讓妳不只是「被看到」，而是讓對方「想記住妳」。

### 練習二：「聲音演練」溫度訓練法

找三句妳常用的社交用語，錄音說出，並分別用以下三種語氣講：

- 客氣但無感
- 真誠帶情緒
- 有點調皮＋自信

→聽回來後問自己：「哪一種最能讓人想要回應我？」

這項練習是提升非語言吸引力（nonverbal attractiveness）的核心訓練技巧，能幫助妳在初次對話中快速建立魅力場。

### 寫給自己的心理備忘錄：讓人想靠近妳，不是因為妳完美，而是妳讓人有機會參與妳

安晴的故事讓我們明白，第一印象的關鍵不是「讓人覺得妳多厲害」，而是「讓人願意對妳產生互動欲望」。

所謂的高價值，就是讓人感受到，靠近妳是一種獎賞，而不是一場測驗。

別再問：「我要說什麼才會吸引人？」

請改問：「我能不能打開一個讓人願意留下來的對話空間？」

這就是戀愛開場的真正心戰力。

## 第三節　約會中讀懂對方潛臺詞的五種技巧

「聽見對方話語的背後，是戀愛中最難卻最必要的能力。」

—— 美國作家黛博拉·泰南（Deborah Tannen）

### 如果妳是她，會怎麼做？

小芷習慣靠觀察理解別人。從小她就是「不太說話但什麼都知道」的那種人。她聽得出朋友語氣裡的不耐、主管語言裡的暗諷、客戶臉色裡的猶豫。

但她卻經常在戀愛裡「讀錯人」。

有次她與一個叫 Jason 的男人約會。對方對她很貼心，總會幫她拉椅子、點她喜歡的餐、談天也有來有往。她覺得對方應該是對她有好感。

但幾次見面後，Jason 的訊息開始變得斷斷續續，回覆也少了熱度。直到某天對方說：「最近真的太忙了，我們有空再聯絡喔。」

她一開始還相信那是真的「太忙」。直到她看到 Jason 在 IG 打卡出現在別人的餐敘中。

那晚她獨自走回家的路上，一邊走一邊想：我到底哪裡沒聽懂？

她明明懂得這麼多微表情與語言訊號，怎麼在約會裡，總是「太晚察覺對方其實沒那麼投入」？

後來她在心理課程裡聽到一句話：「潛臺詞不是對方說了什麼，而是妳願不願意相信他沒說的部分。」她瞬間理解了。

她一直不是看不懂，而是不願承認對方的訊號早已轉冷，而她還在用希望去解讀沉默。

## 心理學這樣看待妳的經驗

### 潛臺詞不是「聽」，是「察」

在人際互動中，根據語用學（pragmatics）與心理語言學的觀點，一段話語中所傳遞的語言內容往往僅占整體溝通的約

30%，其餘70%的訊息則潛藏在非語言與語境的細節中，例如：

- 語氣強度與音調變化（intonation）
- 詞彙的選擇、遲疑或語句中斷
- 非語言表現（如肢體姿態、眼神流動、語速與節奏）
- 說話之外的反應（如延遲回應、跳題、轉換焦點）

因此，若要真正讀懂對方的訊息，不能只聽「說了什麼」，而要解讀「怎麼說」與「沒說的部分」。學會辨識潛臺詞的關鍵，在於從以下五種訊號中提煉出「話語背後的心理位置」。

## 五種讀懂潛臺詞的實戰技巧

### 1. 語氣：語意與情緒是否一致？

例如：

他說「妳今天看起來很好看」，但語氣平淡、不帶情緒→表示這句話可能是禮貌性言語。

他說「我今天有點累，但還是來了」，語氣真誠、眼神穩定→這代表他為你花了心力。

解讀法則：語意＋語氣一致＝真心；語意美但語氣冷＝疏離。

### 2. 提問方式：是真想了解，還是只是接話？

真正有興趣的人會問具體、延伸性問題：

「妳說妳學心理，那妳怎麼看人的行為動機？」

而不是僅說：「喔，心理學喔，滿酷的。」

解讀法則：延伸型提問＞敷衍型回應。想多認識你的人，會主動往下問。

## 3. 語句中的模糊與保留

如果他常說：「到時候再看看」、「最近比較忙」、「你覺得呢？」

這些句式常被用來避免給承諾或明確情感立場。

解讀法則：過多模糊語＝不願對關係負責。

## 4. 對話回應的節奏與回合數

訊息回覆時間、回應深度與主動提問的比例，是衡量互動「是否雙向」的重要依據。

解讀法則：互動回合若總是妳在開話題、延伸內容，對方回應冷淡或極短＝熱度不對等。

## 5. 身體語言與注視模式

- 看手機時間比看妳還多→分心、不投入
- 坐姿轉向妳、眼神專注→有互動意圖
- 微笑但腳尖朝外→想離場、非專注狀態

解讀法則：下意識的身體朝向與動作，是比語言更誠實的吸引力指標。

## 妳的心理練習本

### 練習一：潛臺詞回顧日記

請回顧最近一次互動或約會，寫下以下問題的答案：

- 他有說什麼話，語氣與內容不一致嗎？
- 妳當下有感覺到冷場或氣氛轉變嗎？
- 妳是否選擇忽略了某些讓妳不舒服的暗示？

這份日記會幫助妳強化「察覺情緒訊號」的敏感度。

### 練習二：潛臺詞模擬演練

請找一位朋友，輪流模擬以下對話：

- 「我最近很忙，有空再約。」（一人用真誠語氣講，一人用冷漠語氣講）
- 「我覺得妳很特別。」（一人語氣真摯，一人語氣戲謔）

問自己：我能夠分辨語氣中真假的溫度嗎？我會對不同語氣產生不同情緒嗎？

這樣的演練能幫助妳在實際約會中，辨別真誠與假熱度的細節差異。

### 寫給自己的心理備忘錄：讀懂潛臺詞，是一種對自己的尊重

小芷的故事讓我們明白，約會中最重要的不是「努力讓對方喜歡妳」，而是「妳有沒有用足夠敏感度，讀懂他是否真的願意靠近」。

潛臺詞是心理誠意的語言。妳不是只聽「他說了什麼」，而要學會聽「他沒說什麼」。

那份察覺，是妳給自己愛的防護網，也是愛真正能開始的起點。

## 第四節　拒絕與接受的心理界線練習

「真正健康的關係，不是你接得下所有的好感，而是你敢說出你能承擔的距離。」

—— 美國作家亨利・克勞德（Henry Cloud）

### 如果妳是她，會怎麼做？

珊珊最近加入了一個運動社團，開始和一群同齡男女固定每週一起爬山、喝咖啡、練核心。某位男生對她特別熱情，常主動約她週末一起走走、私訊問候，甚至送她一盒她提過喜歡

的抹茶餅乾。

朋友們起鬨說：「人家這麼明顯了，妳怎麼不給人家機會？」

她笑笑地說：「我也不知道，我其實不討厭他，可是每次他靠近，我都覺得有點喘不過氣。」

她不是討厭對方，也不是毫無感覺。但她內心有一種模糊不明的不適感，那種感覺介於「我不想傷害人」與「我其實沒那麼想見你」之間。

她曾試圖用曖昧的方式冷處理，比如「最近工作很多，下週再說」，但對方仍持續釋出好意。她越來越焦慮，不知道該怎麼表達自己的立場，才不會被視為冷酷，又不會讓對方誤會有機會。

同時，另一個狀況也讓她不自在。某次一位她有些好感的對象對她表示欣賞，但她當下太過震驚，面無表情地回了句：「喔，我沒想到你會這樣想。」之後她回到家才後悔：我為什麼不能坦率地說「我也有點喜歡你」？

她發現，不管是拒絕還是接受，她都不自在。

不是不會，而是不知道「怎麼把自己放進這個互動裡，而不感到愧疚或慌張」。

## 心理學這樣看待妳的經驗

心理界線是情緒健康與人際互動中的關鍵概念。心理界線（psychological boundaries）指的是個體在情感、時間、身體與心理層面，能夠清楚劃分「我和他人」的能力。缺乏界線會導致過度迎合、退讓或壓抑，而界線過強則會造成人際疏離、防衛與無法連結。

美國心理治療師安妮·凱瑟琳（Anne Katherine）將心理界線分為四種類型：模糊型（soft）、僵硬型（rigid）、穿透型（enmeshed）與健康型（healthy）。珊珊正是模糊與僵硬之間的交錯狀態。她無法清楚說出「我沒那麼喜歡你」，也無法自在說出「我也對你有好感」，導致她長期在人際中扮演迴避型角色。

建立健康界線的第一步是知道自己在互動中哪裡「不舒服」，並承認這種感受是有正當性的。心理界線不是阻隔，而是讓人知道你在哪裡，才能讓人靠近。

在戀愛開場中，拒絕與接受是兩種基本的情緒回應表達。如果我們在拒絕中帶著過多愧疚，就會不自覺模糊訊號，讓對方誤會；若在接受中帶著羞愧與自我否定，也會錯過本可發展的親密契機。

這兩種情緒困境，常與個人童年經驗、社會化過程與性別角色期待有關。特別是女性常被期待「柔和、婉轉、不傷人」，於是學會用模糊的話語取代清楚的表達，但這種策略在戀愛中反而造成更大的傷害與混淆。

# 妳的心理練習本

## 練習一：界線情緒感知圖

請回想最近一次你想拒絕或想接受某人，但沒有說出口的互動，回答以下問題：

◉ 我當時身體有什麼反應？（如心跳、緊張、想逃避）

◉ 我沒有說出口的真正原因是什麼？（怕對方失望、怕被拒絕、怕破壞關係）

◉ 我若說出真實感受，最糟的可能會是什麼？

◉ 那個最糟的情況真的值得讓我壓抑自己嗎？

## 練習二：情緒反應句型練習

請練習下列清晰但溫和的回應語句：

**·拒絕句型**

「我很感謝你對我這麼好，但我目前沒有想展開感情的打算。」

「我覺得你是很棒的人，但我對你並沒有發展關係的想法。」

**·接受句型**

「其實你這樣說我有點驚訝，但我也很開心你願意讓我知道你的感受。」

「我也對你有好感，或許我們可以再多了解彼此一點。」

這些句型不是為了迎合對方，而是幫助自己找到一種「對得起自己又不傷人」的表達形式。當你能自在地拒絕，也能勇敢地接受時，愛才有可能以真誠的形式發生。

## 寫給自己的心理備忘錄：真正的魅力，是能夠劃清界線也能敞開心門

珊珊的故事讓我們明白，在愛情開場中，最難的不是被喜歡或被拒絕，而是我們如何在面對對方情感時，還能保有自我的完整與尊重。

拒絕不是冷漠，接受也不是失控。兩者的平衡，就是妳對自己界線成熟度的體現。

當妳學會說「我目前沒有這樣的感覺」，也能坦率說「謝謝你願意靠近我」，那份坦白的力量，就是愛與自我之間最堅固的橋梁。

## 戀愛自我探索｜第四章專屬練習

**練習一：第一印象自我評估問卷**

請根據過去與人互動的經驗，簡答以下問題：

1. 當別人第一次見到妳時，妳認為妳給人的前三個印象是什麼？

2. 妳是否曾為了讓對方喜歡妳而刻意展現某一面？是什麼？

3. 妳期待在初次互動中，對方能感受到妳哪個真實的特質？

**練習二：高價值自我介紹語練習**

請設計一段 90 秒內的自我介紹，包含以下三點：

- 一個讓人記得妳的生活興趣或日常風格
- 一個妳對愛情的健康觀點或價值
- 一個妳希望吸引的對象類型（描述，不命令）

草擬稿：

________________________________________

________________________________________

________________________________________

**練習三：潛臺詞解碼與互動覺察**

請回想一次約會或曖昧對話，寫下其中一段對話，並分析背後可能的潛臺詞與妳的反應：

對話片段：

________________________________________

潛臺詞可能是：

________________________________________

妳當下的感受與行為是：

________________________________________

# 第五章
# 誰適合妳？
# 戀愛性格與配對模型

## 第一節　愛情依附理論與戀愛類型

「一個人如何愛，取決於她曾經如何被愛。」

—— 英國發展心理學家約翰・鮑比（John Bowlby）

### 如果妳是她，會怎麼做？

若彤又重新下載了那個她每半年就會刪掉一次的交友軟體。

她總是會在特定時期感到一種難以形容的空虛感：明明生活穩定、朋友不少，工作也上軌道，但總覺得少了某種連結。她不是不知道自己值得被愛，但就是無法長久待在一段關係裡。

她曾經談過一段兩年的感情。對方對她很好，也願意配合她的作息與情緒需求，甚至為她放棄了原本準備出國的計畫。但就在對方開始談論婚姻與未來時，她突然退縮了。她變得情緒不穩、動不動就找對方的錯，甚至故意挑起爭執。對方問她：「妳是不是不愛我了？」

她答不出來。

其實她心裡明白，她不是不愛，而是太怕這份愛變質、結束或讓她失去自由。那種矛盾的情緒把她困在內心深處，她無法前進，也無法停留。

直到某次心理學講座中，她第一次聽到「依附風格」這個詞。那天她像被點醒了一樣，突然明白：原來自己的愛情行為，早就不是單純的選擇，而是一種「心理慣性」。

## 心理學這樣看待妳的經驗

依附理論（attachment theory）由英國心理學家約翰．鮑比所提出，原是為了研究嬰兒與照顧者之間的連結關係，後來被廣泛應用於成人戀愛行為領域。

心理學家 Cindy Hazan 與 Phillip Shaver 將依附理論延伸至成人愛情關係，並歸納出四種依附風格：

### 一、安全型依附（secure attachment）

這類型的人在關係中能給予與接受愛，也能面對衝突與差異。他們的愛情是穩定、開放、具有信任基礎的。

常見行為特徵：能表達情感需求、不過度依賴、具互動彈性。

### 二、焦慮型依附（anxious attachment）

此類型的人過度渴望親密與關注，常常懷疑對方是否真的愛自己，對關係的未來有強烈的不安。

常見行為特徵：頻繁查詢訊息、容易吃醋、對冷淡反應過激。

### 三、逃避型依附（avoidant attachment）

這類人重視自主、討厭被控制，一旦感情靠近便會感到壓迫。他們習慣壓抑情緒、避免衝突。

常見行為特徵：關鍵時刻退縮、難以承諾、不擅長情感表達。

### 四、混亂型依附（fearful-avoidant attachment）

此類人渴望親密但又害怕被傷害，常表現出矛盾行為，是焦慮與逃避的綜合型。

常見行為特徵：先靠近又閃躲、常常自我否定、無法維持穩定關係。

若彤的故事，便屬於典型的混亂型依附。她的內在同時有渴望愛與恐懼愛的兩股拉力，讓她在感情中始終不安。

## 妳的心理練習本

### 練習一：依附風格自我盤點問卷（簡版）

請閱讀下列敘述，圈出最貼近妳現實感受者：

- 我可以坦然表達我在乎某人，並期待他回應我。（安全）
- 我一但喜歡上某人，就容易黏人，害怕他不理我。（焦慮）
- 我喜歡獨處，戀愛常讓我感到被束縛。（逃避）
- 我常常愛上一個人後就變得矛盾，想靠近又怕受傷。（混亂）

若妳在不同題目都有感受，表示妳的依附風格尚未穩定，需要進一步建立安全感與人際信任。

### 練習二：我與依附的故事書寫

請書寫一段妳過去最深刻的一段戀愛關係，聚焦在以下問題：

- 在關係中，妳最常出現的擔心是什麼？
- 妳如何面對衝突？會想溝通還是逃避？
- 妳是否容易懷疑自己是否值得被愛？

將這段文字視為一次「與依附模式對話」的練習，妳越能看見自己的慣性，越能在未來愛情中轉化行為模式。

## 寫給自己的心理備忘錄：愛的方式，是可以修正的

若彤的故事告訴我們，戀愛中的困惑，有時不是因為我們遇到錯的人，而是我們還不了解自己的「愛的方式」。

依附風格不是命運，而是習慣的心理腳本。當妳能看見自己是如何渴望愛、如何保護自己，也就有能力重新選擇一種更健康的愛人方式。

因為愛不是只有一種模式，而妳也可以，成為願意修正、願意靠近的那個人。

## 第二節　性格互補與相似：哪一種能走得久？

「關係長久的關鍵，不是彼此相同，而是彼此調頻的能力。」

——分析心理學創始人卡爾·榮格（Carl Gustav Jung）

### 如果妳是她，會怎麼做？

安晴最近開始與一位交往三個月的對象同居。對方是她大學同學，穩重、貼心、生活節奏與她類似，兩人幾乎沒有爭吵。朋友們都說他們是「最速配的理性情侶」，連她的母親也首度主動詢問：「這個可以結婚吧？」

但安晴心裡卻隱隱有些焦躁。

她感覺不到關係裡的驚喜。對方話不多，不善言辭，每次她滔滔不絕分享工作時的情緒時，對方只會安靜聽著，偶爾點頭。她不是不被理解，而是不被回應。

她開始懷疑：是不是兩人太像了？他們都習慣理性思考、擅長規劃、個性內斂，兩人都懂事到近乎「自動駕駛」。一切很穩，但她卻常覺得孤單。

她曾與另一位截然不同的男生短暫交往過。那人感性、衝動、熱情，每次見面都充滿驚喜，但也伴隨許多情緒風暴。那段戀情雖然短暫，卻讓她懷念那種「我還沒說完，他就懂我在想什麼」的情感連結。

她問自己：我到底需要的是穩定，還是共鳴？

性格互補與相似，哪一種才能走得久？

## 心理學這樣看待妳的經驗

性格的互補與相似，一直是戀愛關係中的重要命題。在心理學上，這兩種配對方式分別展現不同的優勢與挑戰。

### 一、性格相似型：默契高，但風險是情感慣性重疊

相似型關係通常發展順利，因彼此在生活習慣、價值觀與行為反應上接近，有高度默契感。依據社會交換理論，這種「低摩擦、高效能」的組合最容易達成短期內的穩定。

但問題在於，過度相似會使關係缺乏刺激與成長空間。兩人若同樣迴避衝突，可能讓重要議題無法被處理；若雙方都不擅長表達情緒，也會讓關係流於表面和平卻內在疏離。

### 二、性格互補型：張力大，但若處理得當，更易成長

互補型組合通常建立在彼此提供對方缺乏的特質，例如：內向者與外向者交往、理性與感性互動、規劃者與即興者配對。這類關係充滿挑戰與學習，但若願意互相理解與協調，能產生高度的互相滋養與個人成長。

然而初期容易因差異產生誤解與衝突，需要雙方具備情緒調節與表達能力，否則張力會變成傷害而非補足。

根據加州大學心理學者李文森（Robert Levenson）的研究，

長期穩定的伴侶關係，關鍵並非性格是否相似，而是「能否建立一套可運作的情感交換系統」。

簡言之，不論是互補還是相似，關鍵不在類型，而在於能否協調、能否調頻。

## 妳的心理練習本

### 練習一：性格對照圖 —— 妳與他在光譜哪一端？

請畫兩列對照表，列出妳與對方在以下五個面向的性格位置：

| 面向 | 妳的傾向 | 對方的傾向 |
| --- | --- | --- |
| 情緒表達 | 外顯／內斂 | 外顯／內斂 |
| 決策風格 | 感性／理性 | 感性／理性 |
| 衝突處理 | 主動／迴避 | 主動／迴避 |
| 生活節奏 | 快／慢 | 快／慢 |
| 親密需求 | 高／低 | 高／低 |

比對完後，請問自己：這些差異會讓我感到壓力，還是有學習感？我喜歡這樣的張力嗎？

### 練習二：我們的互動調頻會議

與伴侶進行一次非情緒化的對話，主題為：「我們在互動節奏上，有沒有哪裡可以互相調整？」

參考句型如下：

- 「我發現我們都很習慣自己處理情緒，有時候會想要更多回應，不知道你怎麼想？」
- 「我知道你比較慢熱，但我需要一點主動的訊號，這樣我會更安心。」

這樣的開放式互動，有助於建立屬於你們兩人的溝通節奏與互補模式。

## 寫給自己的心理備忘錄：走得久，不是因為合適，而是因為彼此願意調整

安晴的困惑，正是許多單身女子在選擇感情對象時的核心掙扎：我要找個和我相似的人，還是願意走進不同世界的人？

心理學不給標準答案，因為答案永遠不是性格，而是關係裡的互動結構與調整能力。

當你開始願意了解自己，也願意理解對方的節奏，彼此在互補與相似之間建立一種「我們的方式」，那麼不論你們性格多不同，這段關係都能走得穩、走得久。

# 第三節　避免「拯救者迷思」與「壞男人吸引力」

「愛一個人不是去拯救他，而是與他一起走出過去。」

——美國作家哈維爾．亨德里克斯（Harville Hendrix）

## 如果妳是她，會怎麼做？

宜庭又結束了一段戀情。這已經是第三次她遇到「需要被拉一把」的對象。對方一開始總是充滿故事：童年受傷、情緒敏感、工作不穩、經常低潮。她的溫柔與善解人意讓她成為他們口中的「妳是唯一能懂我的人」。

她總是這麼相信：「他只是沒被好好對待過，我可以當那個讓他重新相信愛的人。」

一開始的確是甜蜜的。她主動照顧對方、陪伴他走過低潮，甚至在經濟上偶爾給予支持。對方也回應她的付出，讓她以為這段感情正在慢慢修復對方的內在裂痕。

但沒多久，對方的依賴與情緒反覆開始讓她感到疲累。他會因為她一時沒回訊而情緒失控，也會將自己的負面情緒投射在她身上。她試著用更多關心來安撫，但對方的情緒像黑洞，永遠填不滿。

當她終於提出分手時，對方激動地說：「妳不是說妳會一直在嗎？妳跟那些人一樣，只是看我可憐才靠近，現在覺得累就丟下我。」

那句話狠狠打中她的心。她開始懷疑：我是真的愛他？還是只是想證明自己「能讓一個受傷的人變好」？

這不是第一次了。她才終於承認，也許自己愛上的不是「人」，而是一種「拯救者的角色感」。

## 心理學這樣看待妳的經驗

拯救者迷思，是許多高敏感女性在親密關係中經常落入的情感模式。這是一種潛藏於情感投射下的角色錯位現象，本質並不是愛對方，而是透過「拯救對方」來滿足自我價值的需求。

心理學家史蒂芬·卡普曼（Stephen Karpman）在其「戲劇三角理論」中指出，人際關係常不自覺地在三個角色之間轉換：迫害者（攻擊者）、受害者（無力者）、拯救者（救世者）。而拯救者往往認為自己在給予愛，實際上卻強化了對方的依賴，自己則不斷消耗。

這種互動最常發生在與情緒不穩定型伴侶或壞男孩原型（bad boy archetype）的關係中。這類對象初期可能魅力十足、富有故事性、讓人產生「我能理解他但別人不行」的情感優越感。

但這種吸引，其實是來自於投射性認同（projective identification）。宜庭在對方身上看見了某個需要被照顧、認同與愛的人，而這個人，其實正是她內心那個渴望被需要的自己。

更進一步來看，這也可能與她過往的原生經驗有關。若她曾在家庭中扮演照顧者角色，或在情感關係中透過付出獲得肯定，那麼她會傾向吸引那些需要她的人。久而久之，這種愛情模式不再是雙向的關係，而是情感角色的重演。

## 妳的心理練習本

### 練習一：拯救者角色自我檢查表

請回想妳曾經喜歡過或曾與之交往的對象，回答以下問題：

- 我是否曾因為對方的「脆弱或不穩」而產生愛的感覺？
- 我是否認為「我能改變他」、「我對他影響最大」？
- 當他情緒不穩時，我是否會優先自責或壓抑自己情緒來照顧他？
- 這段關係結束後，我是否感到被掏空或對人性失望？

若妳有兩項以上答是，請誠實面對：妳可能已陷入「愛的是角色，不是人」的情感模式。

### 練習二：替代性價值建構練習

請寫下以下句子，並思考如何用新的信念取代舊有思維：

原思維：「只有我能幫助他，他才會愛我。」

新信念：「我值得被一個情緒成熟的人愛，愛不是拯救，是一起走下去。」

原思維：「我必須包容他的創傷，這是他的背景造成的。」

新信念：「他的背景值得被理解，但不代表我要承受他對我的情緒傷害。」

這些句子不是要妳冷酷，而是要妳開始學會愛得清醒。

## 寫給自己的心理備忘錄：愛，不是讓妳犧牲，而是讓妳變得完整

宜庭的故事提醒我們，愛情裡的角色錯位，會讓人以為自己是愛得深，其實是在情緒失衡中反覆自證價值。拯救一個人不等於愛他，常常只是透過照顧別人來逃避自己真正的情感匱乏。

真正值得長久的愛情，不是誰需要誰，而是兩個人彼此都能獨立地生活，也願意互相支持成長。

如果你總是被「需要幫助」的對象吸引，不妨回過頭來問自己：「我有沒有把自己放進那個『才能被需要才有價值』的陷阱？」

愛不是一場犧牲的修練，而是一種彼此照亮的對等旅程。

# 第四節　找到妳的戀愛適配人格類型

「你不是要找一個完美的人，而是找一個讓你願意溫柔地變得更自己的人。」

—— 美國心理學家伊萊恩·阿倫（Elaine Aron）

## 如果妳是她，會怎麼做？

小芷剛結束一段曖昧。對方條件不錯，對她也頗有好感，兩人曾幾次深夜聊到凌晨，討論價值觀、創作、美感、人生選擇。對方會在她說自己情緒低落時主動打電話，也會在她忙完工作時送一杯無糖拿鐵到她家樓下。

一切都看似完美，但她還是退了。

不是因為對方不好，而是她感覺自己「始終進不去那種戀愛狀態」。她會故意慢回訊息，面對對方示好的語句只用表情符號回應。她覺得自己像是被框住的角色，連她自己都無法進入情緒場。

她曾一度懷疑自己是不是根本不適合談戀愛。

直到她參加了一場戀愛人格類型講座，講師邀請大家思考：「妳過去最自在的關係，是什麼樣的對象？他有哪些特質，讓妳想靠近？」

小芷想起幾年前的一位對象。那人不特別風趣或耀眼，但總能用穩定的語調回應她的情緒，不會逼她說出感受，卻能讓她漸漸敞開自己。對方能等她慢熱、不解讀她的沉默、不逃避她偶爾的冷場。

那種不逼迫、不誤解、不退縮的氣場，讓她有了打開自己的勇氣。

她終於明白：她需要的不是激情對象，也不是來拯救她的人，而是能夠接得住她沉默與慢節奏的安全型人格。

## 心理學這樣看待妳的經驗

所謂「適配型人格」，是指一種能夠與妳的情緒風格、互動節奏與心理需求形成互補或協調的性格特質。不同於「理想型條件表」，適配人格強調的是關係長期互動中的心理穩定與成長潛力。

根據依附理論、MBTI 性格配對研究與人際互動心理學，適配人格主要可從以下三個構面判斷：

### 一、妳的依附風格適配誰

若妳是焦慮型依附，容易缺乏安全感，適合與具有高度情緒穩定性、安全表達能力的對象互動，能降低妳的焦慮波動。

若妳是逃避型依附，較難開啟情感表達，適合與溫柔主動、但不侵入邊界的人互動，能激發妳慢慢表達與連結。

若妳是安全型依附，則在大多數關係中都能建立互動架構，但要避免陷入與混亂型對象的不對等能量流動。

### 二、妳的互動節奏與對方是否同步

戀愛互動如同情緒舞蹈。妳是否需要對方秒回？是否喜歡每日聯絡？是否能接受安靜陪伴或長時間不互動？這些都與適配性有關。

### 三、妳在對方面前是否能做自己

一段適配的關係不是讓妳扮演什麼角色，而是妳可以慢慢變回自己，而不感到害怕或羞愧。這不來自條件匹配，而來自情緒容納度。

## 妳的心理練習本

### 練習一：我的戀愛適配者輪廓圖

請根據妳過去的戀愛經驗與自我觀察，寫下：

- 我在關係中最需要的是什麼？（例如情緒理解、獨立空間、語言肯定）
- 哪種互動節奏讓我感到安心？（例如固定頻率聯絡、不強求每天見面）
- 過去哪一段關係讓我最做自己？對方具備哪些特質？

從這些答案中，妳會看見妳最需要的是什麼樣的情感支持，而非外在條件。

### 練習二：我吸引誰？誰能接得住我？

請列出兩種人際關係中的角色：

- 我經常吸引來的對象有哪些共通特質？他們有什麼樣的性格、情緒風格？
- 我希望未來的對象，能夠帶給我哪三種心理感受？（例如穩定、安全、好奇、尊重）

這項練習幫助妳從「他是不是好對象」的思考，轉為「他是不是適合我的對象」。

## 寫給自己的心理備忘錄：真正適合妳的，不是最愛妳的那個，而是讓妳敢愛的那個

小芷的故事提醒我們，戀愛的成功不在於對方多優秀，而在於他是否與妳的心理節奏相容，能讓妳在關係中感到安心與成長。

找到適配人格，不是等一個完美的人，而是認識自己的互動風格，並從中選擇能共舞的伴侶。

妳值得一段不需扮演、不需緊張、不需懷疑的愛，而這樣的愛，不會讓妳失去自己，而會讓妳回到自己。

## 戀愛自我探索｜第五章專屬練習

### 練習一：愛情依附風格自我檢測

請閱讀下列句子，勾選與妳最常態度一致的描述：

☐ 我很在意對方是否愛我，一點忽略就讓我焦慮

☐ 我習慣獨立，不太依賴另一半，也不習慣表達情緒

☐ 我很容易投入感情，也常常受傷

☐ 我渴望親密，但又害怕失去自己

☐ 我能自在表達需求，也能給對方空間

※ 勾選第一和第三項多為「焦慮型」；第二與第四為「逃避型」；最後一項傾向「安全型」

### 練習二：性格互補與相似關係反思

請回想妳過去最愉快與最困難的一段感情，完成以下內容：

1. 我與對方在個性上最明顯的差異是：____________________

2. 這些差異帶來的優點與困難各是：____________________

3. 我和對方最像的一點是：______________________________

4. 這個相似性對我們的相處造成了什麼？

### 練習三：吸引危險關係的內在腳本檢視

請誠實回答以下問題，幫助妳釐清是否曾因「幻想改變對方」或「被需要感」而進入關係：

1. 我曾被哪一類型的人反覆吸引？
2. 我是否相信只要我夠好，他就會改變？
3. 在某段關係中，我是否比起被照顧，更享受「拯救」的角色？
4. 我如何定義「健康的關係吸引」？我願意用什麼標準重新選擇？

# 第六章
# 曖昧心理學：
# 從互動到進展的心理節奏

## 第一節　曖昧的正向心理與風險邊界

「曖昧是一場情緒的測試，也是自我界線的訓練。」

—— 比裔美國心理治療師艾絲特・佩萊爾（Esther Perel）

### 如果妳是她，會怎麼做？

珊珊最近每天早上醒來第一件事，不是看時間，也不是查看行程，而是打開通訊軟體，看那個人是否傳了訊息給她。

他叫 Jason，兩人是在一次活動中認識，之後開始不定期聊天，有時是晚上十點半分享一篇文章，有時是一句「今天累了嗎？」的問候。他不曾明說喜歡她，也不曾正式約她出門，但兩人之間的互動持續地、有默契地進行著。

她有時會在意訊息的標點、有沒有貼圖、有沒有多打一個字；也會因為對方連續幾天熱絡而心情愉快，然後在他忽然消失一天時產生不安。

她對朋友說：「我們好像沒有明講什麼，但我就是會期待他回我。」

她又補了一句：「但我也不想逼他問清楚，這樣會不會破壞現在的氛圍？」

她明白這不是正式的戀愛，卻也不是單純的朋友。

這種曖昧的情感，讓她感覺像踩在雲端，一切都可能，又什麼都沒有。

## 心理學這樣看待妳的經驗

曖昧，是一種未定義關係狀態，同時包含情感投射、期待生成與行為回應的循環機制。它的特徵是互動高頻率、情緒牽動強，但缺乏結構與明確承諾。

曖昧帶來的正向心理效應包括：

### 一、情感預期感

在不確定中產生期待，能刺激大腦釋放多巴胺，使人感受到戀愛的悸動與生活的變化性。這類情緒刺激對孤單、壓力性職場與高功能女性特別具吸引力。

### 二、自我投射舞臺

曖昧讓人可以在互動中展現自己想成為的樣子，投射一種理想化的自我形象，進一步強化自我認同與存在感。

### 三、情緒陪伴效益

雖非明確承諾關係，卻能在日常互動中提供基本的情緒支持，使人感到被注意與被選擇。

然而曖昧也伴隨高度風險，尤其是心理邊界模糊化與自我價值依附性上升的問題。若缺乏自我界線設定，極易陷入以下風險：

## 一、投入與回報失衡

一方投入過多情緒與期待，若對方並無相同投射，很容易產生挫敗與內耗。

## 二、自我評價失準

過度依賴對方的互動來確認自身魅力與價值，導致一旦對方冷淡便陷入自我懷疑。

## 三、關係動力被對方主導

若不主動設定關係邊界，關係節奏與狀態便易被對方的情緒與時間所決定。

心理學家帕特里克・卡尼斯（Patrick Carnes）強調，模糊關係雖能帶來短期心理慰藉，但若無明確自我角色定位，長期將削弱個體的內在穩定與關係選擇能力。

# 妳的心理練習本

### 練習一：我的曖昧界線定位圖

請根據以下問題，繪製妳目前曖昧關係中的心理地圖：

- 我認為我們的關係是什麼？朋友、戀人、或尚未定義？
- 我希望這段關係未來發展成什麼樣子？我是否說過？
- 我是否曾壓抑自己的疑問，只為了保留關係氛圍？
- 我在這段關係中，哪個時候最感到不安？這來自什麼原因？

這些問題幫助妳覺察關係中哪些部分缺乏界線，是否有「怕破壞關係而不敢表達」的心理妥協。

### 練習二：建立我的曖昧邊界底線清單

請試著列出三件在曖昧互動中妳希望對方尊重的事項，例如：

- 希望對方不要只在深夜傳訊息而白天消失
- 希望互動不是總要我主動才維持
- 希望對方能對某些訊息做出情感層次回應，而不是只貼圖或敷衍應答

這份清單將成為妳日後判斷關係是否值得前進的重要參考。

## 寫給自己的心理備忘錄：曖昧能夠浪漫，但妳不能失去自己

珊珊的故事提醒我們，曖昧不是錯，曖昧讓人感動、激動，也讓愛得以慢慢醞釀。但妳要明白，曖昧是一段過渡，不是終點。它的美在於可能性，但危險也在於它的未定性。

當妳願意享受曖昧時，也要記得保護自己的心理邊界與情感尊嚴。

因為真正有機會走下去的關係，從來不是那個讓妳天天猜的人，而是那個，讓妳有一天終於不再需要猜的人。

## 第二節　心理學中的「投射效應」與錯誤解讀

「有時你不是愛上了對方，而是愛上了你希望他成為的樣子。」

——分析心理學創始人卡爾・榮格（Carl Gustav Jung）

### 如果妳是她，會怎麼做？

安晴在一場工作坊上認識了一位新對象，對方名叫 Michael，是品牌顧問，談吐自信、眼神專注。他在課程中多次對她提出延伸問題，也對她的觀點給予回應，還特別問她願不願意之後喝杯咖啡，繼續聊關於設計與心理的跨界議題。

那杯咖啡之後，他沒有積極約第二次。傳訊息的頻率慢了下來，對話內容也由原本的開放分享變成偶爾的點頭回應。安晴開始感到疑惑，也有些沮喪。

她的朋友問：「妳們很熟了嗎？」

她說：「他明明當時那麼專注地聽我說話，那麼多細節他都記得耶。他一定是喜歡我的，只是工作太忙。」

朋友說：「還是『只有妳』以為他喜歡妳？」

她沉默了。

她開始回想那晚聊天的場景，發現很多片段其實是她自己腦中補上的情緒色彩。她把他的提問視為特殊關注，把他的沉默當成深思熟慮，把他的語氣理解為溫柔而非保留。

她不是看不清對方，而是把「自己的感受」投射到了「對方的表現」上。

她終於明白，自己不是被對方拒絕，而是被「自己希望他是的樣子」誤導了太久。

## 心理學這樣看待妳的經驗

心理投射效應（projection effect）是指個體將自己內在的情感、欲望或想像，投射到他人身上，誤以為對方擁有或表現出這些內容。

在戀愛初期，尤其是曖昧互動階段，投射效應格外常見。這是因為此時的資訊有限，雙方互動尚不頻繁，個體會傾向根據片段訊號進行自我建構與情感填空。

這種心理機制背後的動力有三種：

### 一、情感渴望的過度賦予

當我們極度渴望被理解、被喜歡時，會把對方的每個小動作都理解為「他有在乎我」，而忽略可能的社交習慣或禮貌性互動。

### 二、自我理想的角色投放

我們可能對愛情有某種期待，當遇到與理想接近的輪廓時，便傾向將自己的情感劇本投射在對方身上，假設他會照著我們期望的方式發展。

### 三、防衛機制的反向投影

若我們內心不敢承認自己的不安或不被愛的恐懼，會反而將期待外化為對方的責任，進而產生失望與自責的雙重傷害。

這些投射會產生錯誤解讀，讓人對關係的進展判斷失真，最終陷入情緒落差與自我價值的動搖。

## 妳的心理練習本

### 練習一：我看到的是他，還是我希望的他？

請回想最近一段曖昧或初期互動，針對以下問題書寫：

- 我最被他哪個特質吸引？那是他真實展現出來的，還是我腦中加上的想像？
- 我對他產生期待，是來自哪個具體行為？這個行為也可能只是一般社交禮貌嗎？
- 我是否曾對他冷淡或疏離的行為進行過合理化？我怎麼解釋的？

這個練習可以幫助妳釐清哪些是對方給的訊號，哪些是自己內在的放大與補述。

### 練習二：語言與行為一致性對照表

請列出對方近期對妳的三句話語，並對應他實際的行為舉止：

| 他說的話 | 他實際的行為是什麼 | 是否一致？ |
| --- | --- | --- |
| 「我很想再找時間跟妳聊」 | 後來沒有主動聯絡 | 不一致 |
| 「我覺得妳很特別」 | 回應訊息內容單一 | 部分一致但溫度低 |
| 「我們可以一起去那個展」 | 後來沒提出具體時間與安排 | 不一致 |

這個對照能讓妳客觀審視對方是否真心投入，而不是只在語言層次給出情感餵養。

## 寫給自己的心理備忘錄：當妳能看見真實對方，愛才有可能開始

安晴的故事提醒我們，曖昧之所以令人著迷，往往不在於對方做了什麼，而在於我們在互動中「投射出我們渴望看到的樣子」。

戀愛初期的投射不可避免，但若無覺察，就容易誤把幻想當成實感，把片段當成承諾，最終在落差中傷害了自己。

當妳願意放下「他應該怎麼樣」的期待，開始用「他實際表現出什麼」來認知關係，妳就真正拿回了愛情的主導權。

因為戀愛不是一場自我催眠，而是兩個人看清彼此後，依然願意靠近的選擇。

# 第三節　如何避免自己陷入單戀陷阱？

「單戀不是因為愛不到對方，而是太想被誰愛一次。」

——英國心理學家蘇・約翰遜（Sue Johnson）

## 如果妳是她，會怎麼做？

若彤一直是朋友口中的「戀愛敏感體質」。只要有人對她多看一眼、多講一句話、多關注一點，她就會不自覺地產生想像。

這次的對象是她部門新進的一位男同事，笑起來溫和、說話有禮、總會記得幫她叫飲料時少糖去冰。某次她加班，他特地留下來陪她把簡報校完，還說：「有妳在這部門，我比較不會那麼焦慮。」

那句話讓她一夜無眠。

從那天起，她開始注意他的行程、每天都想著他的表情、猜測他訊息裡的用字，甚至幻想兩人若成為戀人會是什麼模樣。

她告訴自己：「我們只是還沒進入那個階段而已。」

但幾週後，她無意間看到對方在茶水間親暱地幫另一位女同事繫圍巾。她沒問，沒說，只是心底像碎了一地。

她告訴朋友：「我是不是想太多了？」

朋友看著她說：「妳一直都在跟自己談戀愛。」

她突然明白，自己愛上的不是對方，而是那個自己在腦中建構的「如果他也愛我」的版本。

## 心理學這樣看待妳的經驗

單戀是一種心理動力結構特殊的戀愛樣態。它不建立於雙方實際互動的對等發展，而是源自一方對關係的高度想像與情緒投注。

心理學家朵洛西‧坦諾夫（Dorothy Tennov）在其研究中指出，單戀具有以下三個心理階段：

一、啟動期：對方出現一種明顯的在意、關懷、或共鳴反應，讓單戀者產生被選擇的感覺。

二、幻想強化期：單戀者開始在內心建構出一套理想關係場景，並將零碎互動視為情感信號。

三、情緒依賴期：單戀者將情緒安定感逐漸轉移至對方的存在與回應，若對方冷淡、消失，則情緒極度波動。

這種結構與焦慮型依附人格高度相關。焦慮型依附者傾向於將愛的價值與自我價值混為一談，透過「被在乎」來證明「我值得」，進而過度解讀、過度投入。

更深層的心理動力來自情緒投資的不可逆效應。這是一種認知偏誤，人們傾向不願放棄自己已投注情感的對象，即使明知無望，仍因過去的幻想與時間投入而產生「我不能現在放棄」的情感負債。

## 妳的心理練習本

### 練習一：單戀自我檢視清單

請誠實回答以下問題：

- 我是否在沒有確認對方情感回應的情況下，產生對未來的情侶幻想？
- 我是否曾經因對方一句話、一次回訊，就情緒大幅起伏？
- 我是否在互動中避免詢問對方感受，只因害怕得到不想聽的答案？
- 我是否曾無條件包容、等待、幻想，但從未真正與對方建立穩定互動？

若「是」達到三題以上，妳可能正處於單戀心理結構中。

### 練習二：情緒重心回歸計畫

寫下下列句子，並為自己設定行動策略：

- 我不需要透過誰的喜歡來證明我有魅力
- 我可以選擇讓情緒投注在回應我的人身上
- 我願意停止對未確認的情感持續幻想，轉向投資自己真實的生活軸線行動策略可包括：

規劃兩週暫時停止主動聯絡對方、重新投入一項興趣或專案、安排三次與非曖昧對象的深度交流。

這些行動將協助妳將愛的主導權從對方身上收回，重新歸還自己。

## 寫給自己的心理備忘錄：<br>不是愛錯人，而是你把期待放在了空白之上

若彤的故事讓我們明白，單戀不是錯，但長期單戀會讓人耗損自我認同，陷入自我投射的情感迷宮。這份愛從來不是對方帶來的，而是我們用想像填補現實。

當妳願意承認：這不是關係，而是一種內在需求未被照顧時的情緒出口，妳就已經開始從單戀中醒來。

戀愛需要彼此，不只是自己。別再愛上那個「如果他也愛我就好了」的版本，而是給自己機會，去愛上那個真正會靠近妳、選擇妳、回應妳的人。

# 第四節　曖昧升級關係的心理引導技巧

「真正穩定的關係，不是等待對方說明，而是你敢說出你想要怎麼愛。」

——美國心理學家馬歇爾・羅森堡（Marshall B. Rosenberg）

## 如果妳是她，會怎麼做？

小芷的曖昧對象叫 Leo，是她在一次工作協作案中認識的自由接案者。兩人從第一次對話就話題不斷，彼此常用延伸語句互相搭話，私訊逐漸從工作話題轉向生活分享，接著有了第一次咖啡約。

之後每隔幾天，他都會傳訊問她在做什麼、今天過得如何，也會在她加班時提醒她吃晚餐。她開始產生期待，也默默調整了日常節奏，只為留出回覆訊息的時間。

但三週過去了，他依然沒明說關係定位，也沒有提出正式邀約或明確表態。她有時覺得他很積極，有時又像退了一步。朋友們說：「他就是不夠喜歡妳才不講清楚。」

她開始想：「是不是該攤牌了？還是我該等他先說？」

但內心另一個聲音提醒她：不想再陷入一段只能猜測的關係，也不想因過度主動讓自己顯得太迫切。她想知道，有沒有一種方式，能夠主動引導，而不失自尊與節奏感？

## 心理學這樣看待妳的經驗

曖昧升級為明確關係的關鍵，在於互動節奏的主導權與關係定義的語言技巧。

多數人以為「愛是自然而然發生的」，但實際上關係的進展往往需要有意識的心理節奏調整。若缺乏引導機制，兩人極可能陷入「情緒有感，互動有熱，但關係沒結構」的懸浮狀態。

根據心理學家約翰．高曼（John Gottman）的關係研究，健康的親密關係可大致觀察出三個歷程階段：

- 情緒同步期：雙方建立初步吸引，發展共同語言與情感認同，開始構築彼此的「愛的地圖」；
- 互動深化期：關係進入更多實質互動，包含衝突測試、價值觀對齊與情緒承接能力的辨識；
- 承諾進場期：雙方願意進行更明確的情感投資，討論未來節奏、承諾形式與關係願景。

曖昧要能進入第三階段，關鍵在於由其中一方先設定「穩定互動模型」。這不等於告白，而是一種有節奏、有意圖的心理引導行為。

## 曖昧升級的三大心理引導技巧

### 一、建立時間規律感

從原本「零星互動」轉為有節奏的「固定互動」，例如每週一次實體見面或語音通話，讓關係進入節律性交換，打破僅靠情緒衝動互動的慣性。

### 二、遞出情感邀請而非需求要求

與其問「你對我到底是什麼意思？」不如說：「我覺得我們互動滿自然的，有時候也會想知道你是怎麼看我們現在這樣的狀態？」

這類「開放式邀請」不具壓迫性，卻能讓對方面對關係現況與內在意圖。

### 三、設定選擇的界線與節奏底線

當互動已進行一段時間且對方遲遲不定義，可以進行溫和對話表達自己的期望：

「我喜歡和你這樣相處，但我也希望自己能在關係中感到明確。如果你還需要時間思考也可以，但我會慢慢把重心放回自己生活，不會一直等訊息。」

這類話語具尊重、自主、清晰與邊界感，能促使對方對關係做出回應，同時也讓妳保有自我節奏。

# 妳的心理練習本

## 練習一：我的關係節奏評估

請回答以下問題：

- 我和他平均多久互動一次？是有節奏還是隨機？
- 每次互動後，我的情緒狀態是穩定、期待還是落差感？
- 我目前對這段關係的投資程度與回報是否對等？
- 若我不主動，這段關係還會繼續嗎？

這些問題幫助妳釐清關係目前的節奏主控權是否平衡。

## 練習二：關係升級語句模擬

請選擇一種妳覺得舒適的語境，練習以下表達：

「其實我滿享受我們互動的方式，也會好奇你是不是也有相同感覺。」

「我喜歡這樣聊天，但我也希望自己在情感上能夠更明確，這對我來說比較安心。」

「我不是要逼你定義什麼，但如果你覺得我們是朋友，我也會把界線放回朋友的方式來互動。」

這些語句都是關係升級前的心理過渡語言，既能釐清現況，也讓妳站穩自己的感受立場。

## 寫給自己的心理備忘錄：不是他說了什麼，而是妳敢不敢讓自己清楚知道自己在走哪裡

小芷的故事告訴我們，曖昧不是錯，保持情感彈性也是一種保護。但若妳發現自己在一段互動中長期處於等待、猜測、依賴的狀態，妳就需要為自己設一條界線：讓我知道，我走這段路，是為了靠近你，而不是消耗我自己。

升級關係不等於逼問，也不是告白，而是勇敢說出：我願意進一步靠近，但我也願意尊重我自己的感受。

關係不是等來的，是妳有意識地選擇與走出的結果。

## 戀愛自我探索｜第六章專屬練習

**練習一：曖昧中的真實感與幻覺辨識**

請回想一段妳曾陷入曖昧的經驗，針對以下問題書寫：

1. 我從這段曖昧中獲得的情感感覺是什麼？
2. 我是否曾經幻想過未來，而對方並未明確表態？
3. 我是否有主動詢問或設定我們的關係定位？
4. 我是否因害怕失去，而不敢提出進一步要求？

**練習二：單戀狀態覺察檢核表**

□ 對方從未明確說喜歡我，但我持續期待他會改變

☐ 我總是主動傳訊息，回應率卻低，還會幫他找藉口

☐ 對方忽冷忽熱，我情緒也因此大起大落

☐ 我為他付出許多時間與心力，卻無明確回報

☐ 我不敢對他談未來，怕嚇跑他

若勾選超過三項，建議進行內在依附需求釐清與自我價值回歸練習。

**練習三：從模糊關係邁向清晰互動計畫**

請完成下列句子，幫助妳建立主動升級或劃清曖昧界線的語言與行動策略：

1. 我希望我們的關係能更清晰，因為______________。
2. 如果我要釐清彼此定位，我可以說的是______________。
3. 若對方無法明確給回應，我會______________。

# 第七章
# 戀愛中的不安：妳的焦慮從哪裡來？

## 第一節　焦慮依附型人格的心理機制

「真正的不安，不是來自愛情本身，而是來自我們對失去愛的恐懼。」

——美裔加拿大發展心理學家
瑪麗・愛因斯沃斯（Mary Ainsworth）

### 如果妳是她，會怎麼做？

珊珊交往了一位對她極好的男友。對方穩定、有責任感，也對她頗為寵愛。只要她加班，他就送晚餐；她情緒不好，他就靜靜陪著。她原以為，這樣的愛，應該能讓她安下來。

但她卻發現自己變得越來越敏感。

當他有一天沒有第一時間回訊息，她就開始胡思亂想：「是不是不再那麼在乎我？」、「是不是對話內容讓他感到無聊？」

當他說要與朋友出遊，她語氣雖平靜，內心卻翻湧著不安：「他是不是比較喜歡與朋友在一起？」、「是不是他心裡有別人？」

她為了確保安全感，開始問更多細節、頻繁確認彼此的關係，甚至有幾次，她刻意冷淡地回應對方的訊息，只為測試他會不會主動追問。

她知道這些行為不健康，但她控制不了自己。她說：「我就是很怕他忽然變了，怕他不像一開始那樣。」

她明白，這樣的她，不是缺乏愛，而是對「愛會不見」的深層恐懼。

## 心理學這樣看待妳的經驗

焦慮依附型人格，是成人依附理論中四大依附類型之一。其核心特徵並非愛得太多，而是對愛的不確定性感到高度焦慮，並由此產生一連串過度回應的情緒與行為。

心理學家瑪麗·愛因斯沃斯與約翰·鮑比指出，焦慮型依附源於早期照顧經驗的不穩定：照顧者可能時而關愛、時而冷淡，使個體從小無法預測關係是否可靠，進而發展出對情感連結的「高監控、高敏感」傾向。

此類人格在戀愛中常出現以下心理機制：

### 一、高度情緒反應性

對方的一點冷淡或反應變化，即可能被解讀為拒絕或疏離，進而啟動情緒風暴。

### 二、過度依賴他人行為確認價值

無法單靠內在肯定自己，需透過對方的回應來確定自己被需要、被重視。

### 三、愛情中常出現追逐與測試行為

藉由製造對方的不安、引起注意或自我撤離來測試對方愛意是否穩固。

這種愛的模式看似熱情投入，實則來自深層的不安與對被棄感（fear of abandonment）的強烈防衛。

## 妳的心理練習本

### 練習一：妳的愛情焦慮來源圖

請回想最近一次讓妳在關係中感到強烈不安的時刻，回答以下問題：

- 對方當時的具體行為是什麼？他真的表現出疏離嗎？
- 妳當下的情緒反應是什麼？身體有什麼反應？
- 妳是如何回應那份不安的？這樣的行為是否加重了妳的不安全感？
- 妳對此情境的解釋，有沒有可能是過度預設與投射？

透過這樣的回顧，幫助妳釐清「情緒是來自事件本身，還是來自妳對事件的解讀」。

### 練習二：建立安全感的內部語言練習

請每天練習對自己說以下三句話：

- 我的價值不依賴於對方的反應
- 我可以自己安撫我的情緒，不必靠對方證明我被愛
- 我不需要掌控對方才能獲得安全，我能信任關係裡的流動與誠實

這些語句不是心理安慰，而是逐步重建內在安全依附模式的語言重組訓練。

### 寫給自己的心理備忘錄：不是對方變了，而是妳太怕他會變

珊珊的故事提醒我們，戀愛中最深的焦慮往往不是來自對方做了什麼，而是來自我們對失去的恐懼與對關係不穩的過往記憶。

焦慮型依附不是妳有問題，而是妳的心在說：「我好希望這次不一樣。」當妳開始學會信任自己是有價值的，也開始學會穩定自己的情緒，而不是反應對方的變化時，愛才真正從「靠著別人活」變成「一起活得更好」。

因為愛不是一場安全感的交易，而是一場信任自己值得被好好愛的旅程。

## 第二節　過度付出與「被需要感」成癮症

「你不是因為愛才一直付出，而是因為你相信只有這樣，才不會被離開。」

——美國神經科學家阿米爾．樂維（Amir Levine）

## 如果妳是她，會怎麼做？

宜庭剛結束一段「看起來不錯」的感情。對方是她在設計業的朋友介紹認識的，長相斯文、對她也溫和有禮。剛開始約會時，對方說自己最近剛離開職場在休息階段，情緒也有些低落。

她聽了之後，不但展現理解，還開始主動幫對方修改履歷、介紹人脈、安排每日鼓勵訊息與備餐送便當。對方總說：「妳真的太好了，我都不知道該怎麼報答妳。」

她說：「你不需要做什麼，只要好好過生活就好。」

但這段關係只維持了兩個月。對方逐漸對她的訊息回應冷淡、拒絕再多的邀約，最後傳來一句：「我覺得妳太好了，我沒辦法回應那麼多。」

她沒有大哭，但她在心裡問自己：「我明明這麼努力，為什麼還是留不住一個人？」

她習慣照顧別人、提供情緒能量，總覺得只要多做一點，對方就能感受到她的愛；只要先給出十分，別人就會回她五分。

但她發現，她一直不是在愛一個人，而是在證明自己值得被留下來。

## 心理學這樣看待妳的經驗

過度付出，往往不是愛太多，而是情緒控制權過度外移的結果。特別是在人格中具有高敏感度與焦慮依附傾向者，更容易在關係中落入「被需要感成癮」的心理迴路。

心理學家琵雅．梅洛迪（Pia Mellody）指出，當一個人習慣透過「被他人需要」來證明自我價值時，會無意間建立以下三項心理信念：

**一、我若停止付出，對方就會離開**

這種信念使人陷入「情緒服務者」角色，即使內心疲憊，也不敢喊停。

**二、我不夠好，必須用行動來補償**

來自早年自我價值感不足或常被比較、忽略的經驗，導致無法單憑存在就相信自己值得被愛。

**三、我的情緒能量可以修好一個人**

此為拯救者迷思的延伸，認為愛可以轉化對方的陰鬱、困境與冷漠，從而陷入無限付出而得不到回應的關係循環。

這樣的愛看似偉大，實則對自己與對方都構成壓力。對方會逐漸對這種高密度照顧產生情緒負擔，甚至感覺到自己的「不足」被無形放大；付出者則會因回應未如預期而進入自我否定與情緒枯竭的風暴。

## 妳的心理練習本

### 練習一：我為什麼想給？付出驅動覺察表

請針對最近一次妳主動幫助、照顧或為對象付出，誠實回答以下問題：

- 我這次付出的行為，是對方請求還是我主動提出？
- 我是否希望藉此換得對方的在意、回應或更進一步的靠近？
- 如果我沒做這些，他會因此離開我嗎？
- 若他離開，我是否會將這解讀為我「不夠好」？

此練習幫助妳區分「真心願意給」與「為了被需要而給」之間的情感動機。

### 練習二：適度付出的心理語句練習

請每天對自己練習說以下三句話：

- 我可以選擇給予，但我不需要用付出來證明自己值得愛
- 對方的感謝或不感謝，與我的價值無關
- 我願意為真正有互動回饋的人付出，而不是一直在單向輸出

這些語句會逐步建立自我價值與行為選擇的內在一致性，讓妳的愛更清明、更有尊嚴。

### 寫給自己的心理備忘錄：<br>讓妳被需要的，不一定會讓妳被珍惜

宜庭的故事讓我們明白，愛不是靠努力換來的認同，而是願意讓彼此都能自在存在的情感空間。

過度付出往往來自「我怕失去」，但真正能被留下的，不是做得最多的那個人，而是最能在關係中保有自我穩定與情緒節奏的人。

當妳能學會適度付出、不被「被需要」的成就感綁架，妳就會發現：愛人不是燃燒自己，而是與人共生。真正的關係，是雙向給予，彼此照應，而非一人獨撐。

## 第三節　恐懼失去與控制欲的心理解套

「控制不是權力，而是不安的外衣。真正的安全感來自你能放手，卻仍被留下。」

——美國精神醫學臨床教授丹尼爾·席格（Daniel J. Siegel）

### 如果妳是她，會怎麼做？

安晴在這段感情中，什麼都好。她的男友理性成熟、體貼細心，願意在她工作繁忙時主動調整步調，也不吝於表達欣賞與愛意。

但她卻總有一種「不確定感」悄悄浮現。

只要男友一個晚上沒傳訊息，她腦中就會開始模擬各種情境。他是不是不開心了？是不是和別人說話？是不是我做錯了什麼？

有一次，男友與朋友聚餐，她提前兩小時就開始心浮氣躁，不是因為不信任對方，而是因為「自己不在場」讓她感覺無所適從。她想知道他們聊了什麼、坐哪裡、會不會喝酒、回來後會不會太累沒空聊天。

她沒有查勤，也沒有限制對方行動。她很清楚控制是關係中的毒藥。但她還是會在對話中不經意地問：「你們聚多久？誰有來？那個以前你說過的女生呢？」

她以為自己只是「關心」，但實際上，她是無法承受關係中有任何模糊地帶。

她習慣了掌控行程、掌控節奏、掌控工作，連愛情也想照著節奏「有進度地推進」。但她卻發現，這種掌控讓她的愛變得緊張，也讓她自己越來越焦慮。

她開始明白，控制的背後，不是強勢，而是對失去的極度恐懼。

## 心理學這樣看待妳的經驗

在關係中有控制欲的人，常被誤解為霸道、占有欲強，實則控制行為的心理根源是缺乏安全感與對失去掌控的不信任。

根據依附理論與情緒調節模型，控制欲通常來自以下三項深層心理需求：

### 一、可預測性需求

人對於親密關係中不確定性的忍受度不同。控制行為通常用來抵消「我不知道他下一步會怎麼做」的焦慮，藉由訊息掌握來創造虛假安全。

### 二、價值確認需求

控制行為中隱含著「我要確定他還在乎我」的潛臺詞。每一次訊息回覆時間、語氣改變、細節鬆動，都可能被過度解讀為「對我的感情在減少」。

### 三、恐懼遺棄情結

若早年有被忽略、失聯、突然失去重要他人經驗，會讓個體在關係中高度焦慮，無法容忍曖昧、延遲與獨處，進而透過控制他人行為來降低這份不安。

心理學家大衛・施納奇（David Schnarch）指出，關係裡真正的穩定不是來自「知道對方現在在哪裡」，而是來自「知道自己在關係中的價值不會因對方不在而消失」。

# 妳的心理練習本

## 練習一：我害怕什麼？控制行為背後的情緒檢測

請誠實檢視以下行為與背後原因：

- 當對方不立刻回訊息，我會怎麼做？
- 我是否曾暗中觀察、詢問或假裝開玩笑地打探對方行程？
- 我這樣做是想知道事實，還是想控制自己的焦慮？
- 如果我完全不掌握對方行程，我的情緒會出現什麼反應？

此練習可幫助妳將注意力從「行為層面」轉回「情緒源頭」，重新認識自己的焦慮觸發點。

## 練習二：安全感替代練習清單

請寫下三種不靠對方、而能自行建立安全感的方法，並練習於下一次焦慮發作前使用：

- 當不確定時，我選擇寫日記練習呼吸，而不是馬上傳訊息詢問
- 當內心想查勤時，我改安排一件讓我感覺被自己照顧的活動（運動、讀書、手作）
- 當恐懼失去時，我提醒自己：「我值得愛，即使現在沒人回應，我依然完整」

這些替代行為能逐步訓練妳從「控制他人」轉向「穩定自己」的愛人方式。

### 寫給自己的心理備忘錄：控制的背後是怕，而放手的背後才是信任

安晴的故事告訴我們，妳不是故意要控制一段關係，而是太害怕這段關係會突然消失。

這份害怕若不被處理，最終會把愛變成一場情緒監控與自我疲憊的拉鋸戰。

放手不是冷淡，而是選擇信任關係中彼此的連結足夠有力，即使短暫分開也不會瓦解。

愛不是控制對方在妳的時區裡移動，而是妳願意相信，在妳看不見的時間裡，他仍願意回到妳身邊。

## 第四節　愛裡的穩定感如何自我養成？

「安全感不是愛情的禮物，而是妳給自己的能力。」

——美國社會工作研究者布芮妮．布朗（Brené Brown）

## 如果妳是她，會怎麼做？

若彤分手後已過了一年。這一年她沒談戀愛，也沒再使用交友軟體。朋友問她是不是還沒走出前任的陰影，她只是淡淡笑了笑。

她知道她已經放下了那個人，但她還沒有放下那個總是在愛裡焦慮的自己。

過去的她，戀愛時總是小心翼翼，敏感於任何語氣變化、表情轉折、回訊息時間。她以為那是因為她愛得深、在乎得多，後來她才懂，那其實是她太需要一段關係來確定自己的存在值。

這一年她開始寫情緒日誌、進行情緒覺察練習，並建立一套屬於自己的心理「穩定感儀式」。

現在的她，不是沒有焦慮，而是學會在焦慮浮現時，先停下來、看著它、陪自己走過它。

她終於明白，愛裡真正的穩定感，從來不是來自對方多黏、多說愛你，而是來自自己可以站穩，即使沒有任何人撐住的時候。

## 心理學這樣看待妳的經驗

安全感，心理學上稱為內在安全依附（internal secure attachment），並非來自關係的穩定性，而是來自自我情緒調節與內部一致性的穩定。

根據依附理論第二代延伸研究者裘德·卡西迪（Jude Cassidy）的研究，內在穩定感可透過三項心理建設逐步養成：

## 一、自我調節能力

指個體在情緒波動中能快速意識自身狀態，並透過內在語言與替代行為，將情緒引導至穩定。

## 二、自我接納信念

能夠接納自己在關係中不完美的模樣，理解情緒出現的合理性，不再過度自責與否定。

## 三、支持網絡與心理定錨點

建立一套非戀愛對象的心理支撐系統，包括朋友、家人、興趣、心理練習，成為自身穩定的他方力量。

這三項元素若能逐步訓練並內化，將能取代「依賴他人確認自己存在」的模式，讓妳在戀愛中不再動搖，而是安穩地做自己，即使愛著他人，也不會失去自己。

# 妳的心理練習本

### 練習一：妳的心理安全計畫表

請回答以下問題，逐步建立妳的情緒安住系統：

- 當我焦慮或失落時，我有哪些方式能照顧自己？（例如寫日記、運動、暫停互動）

- 有哪些朋友或對象是我可以在情緒起伏時信任傾訴的？我多久與他們互動一次？
- 我是否願意允許自己在關係中也有脆弱、混亂、害怕的時刻，而不需要偽裝成堅強？

這些答案將是妳日後在戀愛中動搖時，能夠依靠的穩定基礎。

### 練習二：每日內在安全語言訓練

請選擇一個時間點（例如睡前、早起、焦慮時），對自己說以下三句話：

- 我的情緒很真實，我不需要壓抑它
- 我值得愛，不需要完美或討好
- 即使沒有人現在回應我，我也可以照顧好自己

這些語句若每日反覆，將逐漸建構起妳與自己的「內在穩定關係」，成為妳戀愛中最深的底氣來源。

## 寫給自己的心理備忘錄：穩定不是等來的，而是妳為自己練出來的

若彤的故事告訴我們，愛裡最可靠的安全感，不是那個每天說我愛你的人，而是那個即使今天不說，你也能安然度過的人。

真正的愛不是為了找一個不讓妳焦慮的人，而是當焦慮來

了，妳能安撫自己、理解自己、照顧自己。

妳不需要一段關係證明妳的價值。妳只需要一顆穩定的心，在愛裡保持自己的節奏與尊嚴。

當妳能這樣愛自己，妳就再也不怕被誰愛得不夠了。

## 戀愛自我探索｜第七章專屬練習

### 練習一：焦慮依附情緒反應檢測

請回想妳在親密關係中出現不安時的典型反應，並回答以下問題：

1. 當對方沒回訊息或臨時取消見面時，我通常的第一反應是什麼？
2. 我是否會過度解讀對方的情緒變化？有哪些例子？
3. 我的安全感通常依賴對方的哪些行為？
4. 我是否經常擔心對方會不愛我或離開我？這種擔心從何而來？

### 練習二：情感付出與自我壓抑比率自評

☐ 我在關係中常常主動犧牲自己的需求來配合對方

☐ 我習慣先觀察對方反應，再決定自己的回應

☐ 為了不讓對方不開心，我常壓抑自己真實的感受

☐ 當對方需要我時，我會立刻放下手邊的事

□ 我擔心若我太真實表達自己，對方會不喜歡我

勾選超過三項者，建議練習界線設定與情緒責任回歸技巧。

**練習三：安全感自我語言重塑**

請練習以下句型，作為面對焦慮時的自我安定對話：

1. 即使對方暫時冷淡，我仍是值得被愛與理解的人。
2. 我的情緒不需要被別人批准才合理。
3. 我能為自己的感受負責，不必依賴對方的反應來確認自我價值。
4. 我願意相信：真正健康的關係，不會讓我需要一直證明自己。

# 第八章
# 感情中的溝通心理學：說對話才有愛

# 第一節　非暴力溝通法與情緒辨識

「不是我們說了什麼傷人，而是我們沒說出真正想說的話。」

—— 美國心理學家馬歇爾．羅森堡（Marshall B. Rosenberg）

## 如果妳是她，會怎麼做？

珊珊與男友最近爭吵頻繁，明明兩人感情依舊，但每天的對話卻常常以冷場或誤解收場。

有次男友因工作聚餐晚回，傳訊息說會晚一點到。她原本想回「沒關係，注意安全」，但心裡卻一陣酸意湧起，最後回了：「你是不是根本沒打算來？」

男友回覆：「我都說了只是工作，你怎麼每次都要懷疑我？」

她頓時覺得委屈極了：「我只是想你多說幾句安撫我，你怎麼可以那麼冷？」

那晚他們沒說幾句話就各自睡去。

隔天她對朋友說：「我也不想這樣，但我講不出自己真正要的東西，最後只能用埋怨的語氣表達。」

她開始懷疑，愛裡的痛苦，不是來自關係本身，而是來自我們無法好好說出自己心裡的話。

## 心理學這樣看待妳的經驗

溝通失效是情感關係中最常見卻最難解的問題之一。人們常在憤怒時說出傷人的話，在脆弱時假裝沒事，在需要時轉化成埋怨或沉默。

美國心理學者馬歇爾．羅森堡創立的非暴力溝通（nonviolent communication, NVC）提供一套結構化、情緒承接式的對話模式，幫助人們在親密關係中建立誠實但不攻擊的溝通。

非暴力溝通包含四個步驟：

### 一、觀察（Observation）

不帶評論地描述對方的行為或情境。例如：「你今天回訊息比平常晚了兩個小時。」

### 二、感受（Feeling）

說出當下引發的情緒，而非責備。例如：「我有點失落，也感到不安。」

### 三、需要（Need）

表達內心真正未被滿足的需求。例如：「我需要在關係裡感覺到被在乎。」

### 四、請求（Request）

提出具體、可回應的非強迫性請求。例如：「以後如果你忙，能不能提前讓我知道？那樣我會比較安心。」

這套模型的核心目的，是將「指責與推論」轉化為「自我揭露與請求」，從而讓對方有機會理解，而不是防衛。

情緒辨識也是溝通中的第一道門檻。多數人並非不願意溝通，而是無法分辨自己在當下到底是在氣、在怕，還是只是不被理解。

## 妳的心理練習本

### 練習一：溝通解構句練習

請將妳最近一次與親密對象的爭執句子，轉化為非暴力溝通的四步驟：

原句：「你根本不在乎我，不然怎麼可能這麼晚都不說一聲。」

轉化句：

觀察：「你昨天超過晚上九點才回我訊息。」

感受：「我當下感到焦急，也有點失望。」

需要：「我希望我在你心裡是重要的，可以被考慮到。」

請求：「下次如果你會晚回，希望你可以提早告訴我一聲，好讓我不用自己猜。」

這樣的轉換能讓妳在情緒濃度高時，找到內心真實的表達路徑，而不讓情緒扭曲語言。

### 練習二：我的情緒詞彙擴展表

請用下列五類情緒，寫出妳曾在親密互動中出現過的真實感受：

- 受傷類（例：失落、被忽視、不被重視）
- 恐懼類（例：害怕被拋下、擔心對方改變、不安）
- 悲傷類（例：孤單、疲倦、心灰）
- 生氣類（例：被誤解、憤怒、委屈）
- 渴望類（例：想被肯定、想被理解、想要靠近）

這個詞彙表幫助妳在溝通中說出「具體的情緒」，而不是只有「我不爽」、「我生氣了」這種抽象情緒防衛語。

## 寫給自己的心理備忘錄：愛不是會說甜言蜜語，而是能說出心裡話

珊珊的故事提醒我們，真正摧毀關係的，不是爭吵本身，而是說不出自己真正感受的沉默與指責。

非暴力溝通不是技巧，而是一種自我覺察的練習。當妳能分辨自己情緒背後的需求，妳就能用更柔軟但更堅定的語言，讓對方聽見妳、靠近妳。

說出心裡話，不代表脆弱，而是表達「我信任你，我想讓你了解我」。

因為愛裡最需要的，不是講話多會哄人，而是在每一次對話裡，都不丟下彼此的心情。

## 第二節　情感需求的表達與接受練習

「妳不是太黏、太想要什麼，而是妳不再想一個人撐住所有情緒。」

——英國心理學家蘇．約翰遜（Sue Johnson）

### 如果妳是她，會怎麼做？

小芷是一個「不會麻煩別人」的女友。

她總是先問：「你有空嗎？」再說自己想見面；總是說：「我自己處理就好」，即使她那天很累也希望對方接她下班；總是說：「沒關係啦」，即使她心裡很介意那句訊息來得太慢。

她不想被視為情緒化，也不想讓人覺得她要求多。她說：「我知道他很累，我應該體諒一點。」

但每一次壓抑下來的「沒說出口的需求」，都在心裡慢慢發酵成委屈。

直到某次，她忍不住對男友說：「我覺得你最近好像都不主動找我，我是不是對你來說沒那麼重要？」

男友沉默幾秒才說：「我一直以為妳很獨立，不太需要我。」

她突然恍然大悟 —— 不是對方不給，而是她從沒清楚說過：「我需要你主動一點。」

那一刻她才明白，原來不是愛太少，而是她把自己的需求，包裝成了無需。

## 心理學這樣看待妳的經驗

在親密關係中，需求的表達與接受是關係能否健康發展的核心技能之一。情感心理學指出，成人戀愛關係的穩定與深度，往往取決於雙方能否坦誠表達需求，並給予對方理解與具體的回應。

但多數人對「表達需求」這件事存有心理障礙，原因如下：

### 一、羞愧感與自我價值混淆

認為表達需求是一種脆弱、依賴，會降低自己的吸引力與情感地位。

### 二、恐懼失控與回絕的痛感

擔心說出需求後被拒絕，會比沒說更受傷，因此乾脆選擇壓抑。

### 三、誤把「不給對方壓力」當成「壓縮自己需求」

誤認體貼的本質是「少講自己想要的」，進而犧牲關係中的主動性與連結。

同樣地，許多人在接受對方的情感需求時也容易出現防衛反應。例如：

對方說：「我希望你多陪我一點。」

被聽成：「你是不是在怪我不夠愛你？」

對方說：「我想要你主動說說你想我。」

被理解為：「你是不是覺得我很冷淡？」

這種需求訊息與批評訊號的誤讀，往往源自於對「被要求」的防衛反射，而非對對方情感需求的真正聆聽。

## 妳的心理練習本

### 練習一：我的真實需求清單

請完成以下句子，幫助妳看見妳曾壓抑過的情感需求：

- 我常常不敢說出，我其實很希望你＿＿＿＿＿＿＿＿＿＿
- 我總是假裝沒事，但我其實很在乎＿＿＿＿＿＿＿＿＿＿
- 我說「都可以」，但我心裡真正想要的是＿＿＿＿＿＿＿＿

這份練習能協助妳在日常中重新建立「需求感覺與語言表達」的對位關係。

### 練習二：需求表達語句轉化訓練

請將以下常見的含糊或壓抑語句，轉化為清晰具體的表達方式：

原句：「你最近都好忙，我就不打擾你了。」

轉化：「我知道你最近很忙，但我其實很想你，也希望我們能安排個時間聊聊。」

原句：「你怎麼都不說你在想我？」

轉化：「我會很開心聽到你說你想我，因為這會讓我覺得我們的感情很有連結感。」

這樣的語句轉化能讓對方聽到妳的需求，而不是情緒性的質疑或隱性責備。

## 寫給自己的心理備忘錄：愛是願意說出「我需要你」，也能接得住「你需要我」

小芷的故事提醒我們，在關係裡有情感需求不是脆弱，而是愛的組成。真正成熟的親密關係，不是兩個人都不麻煩對方，而是兩個人都願意彼此依賴、互相照應。

說出自己的需求不是失去主導權，而是邀請對方進入妳的情感世界；接住對方的需求，也不是被綁住，而是妳選擇珍惜那個把脆弱交給妳的人。

愛不是不說出需求，而是說了，對方願意聽，妳也不再害怕講。

## 第三節　吵架的心理守則：如何不傷感情又能解決問題？

「你怎麼吵架，就怎麼愛一個人。」

——美國心理學家約翰・高曼（John Gottman）

### 如果妳是她，會怎麼做？

宜庭與男友在一起兩年，感情一直穩定，直到最近因為同居生活，爭執開始頻繁。爭吵總是從一件小事開始，例如晚回家的訊息沒即時傳、冰箱裡東西沒補、忘了幫她買咖啡。

她每次開口時都帶著情緒：「你到底在不在乎我？」、「我是不是總要自己處理這些事？」

男友的反應也不遑多讓：「我又不是妳助理，什麼都要照妳說的來？」

對話愈來愈像兩套平行劇本，誰也沒在聽，誰也沒想理解，只剩下一個目的：證明我才是對的。

後來每次吵完，她都很後悔：「我不是不在乎他，只是我沒辦法冷靜說出我不開心的點。」

她意識到，自己並不是「不會溝通」，而是在情緒升高的當下，無法退一步找回真正的問題本身。

她終於明白，愛情裡真正的修行不是不吵架，而是學會怎麼吵，才不會讓愛變成一場互相傷害的戰場。

## 心理學這樣看待妳的經驗

根據美國心理學者約翰·高曼長期對伴侶爭吵的研究，能否維持長期關係的關鍵不在於是否吵架，而是如何吵，以及吵完之後有無修復能力。

一段感情的穩定性，取決於以下三個衝突心理要素：

### 一、情緒升溫閾值

每個人對情緒的耐受度不同，一旦進入情緒過熱狀態（心跳超過每分鐘 100 次），大腦理性區域將暫時失去運作能力，進入防衛模式，表現出冷言冷語、尖銳指責或完全退縮。

### 二、誤解加乘機制

爭吵中對方的語句易被扭曲理解為攻擊，導致小誤解迅速升級為人格衝突。例如：「你說我懶，是說我沒價值嗎？」

### 三、修復延遲效應

如果在衝突後未立即進行修復行為（如道歉、釐清、擁抱、釋出善意語言），情感餘震會在關係中持續醞釀，降低彼此信任與互動頻率。

# 妳的心理練習本

## 練習一：情緒升溫察覺圖

請回想一次吵架時的過程，試著回答以下問題：

- 我在什麼時候察覺自己情緒開始上升？（例如對方語氣改變、講到某個關鍵字）
- 當時我身體有什麼反應？（心跳、語速、流淚、想離開）
- 我當時最想說的話，其實背後的感受是什麼？（例如憤怒底下是失落，攻擊底下是渴望理解）

此練習幫助妳建立「情緒剖面圖」，提前識別自己的失控觸發點。

## 練習二：建設性爭執語句練習

請練習以下語句轉化技巧，幫助妳在爭吵中從對立變為連結：

原句：「你怎麼總是不顧我感受？」

轉化：「我感覺有點被忽略，因為我希望我們能多一點連結。」

原句：「你做錯了你知道嗎？」

轉化：「我有點困擾這件事的處理方式，我們能不能再討論一次？」

原句：「算了，你根本不懂我。」

轉化：「我想被你理解，但我發現我講得好像不夠清楚，我再試一次說看看。」

這些語句不是妥協，而是讓吵架成為一場彼此了解的機會，而非彼此攻擊的戰場。

## 寫給自己的心理備忘錄：不是不吵架，而是吵得有愛，吵得會修復

宜庭的故事告訴我們，感情不是靠逃避衝突而穩定，而是靠練習在衝突中不失愛、不失語言、不失尊重來穩固。

吵架並不可怕，怕的是爭執裡只剩聲音，沒有心；只剩輸贏，沒有理解。

當妳願意調整語氣、辨識情緒、換一種方式說話，妳就讓感情多了一份厚度，也讓愛多了一次被修復的可能。

真正成熟的愛，不是零爭執，而是每一次吵完，都能讓彼此更靠近。

# 第四節　建立「情緒安全圈」的溝通框架

「情緒安全不是指從不爭吵，而是我知道我即使難過，也不會被推開。」

—— 英國心理學家蘇・約翰遜（Sue Johnson）

## 如果妳是她，會怎麼做？

安晴在這段感情裡，一直很小心。

她學會不直接指責對方，而是用「我覺得」開頭；她學會用柔和語氣說出不滿，也試著用提問代替情緒壓力。但她發現，對方似乎還是常常誤解她。

有一次，她對男友說：「你今天都沒問我加班累不累，讓我有點難過。」

男友回：「我不是故意的，我也很累，為什麼妳總要放大這種事？」

那一刻，她覺得自己好像犯了什麼錯。

後來幾次，她選擇不說，忍耐，不再表達小情緒。但她也明白，每一次的壓抑都讓她們的距離又遠一點。

她開始思考：難道只有在不表達情緒的關係裡，才有和平？她不想要那樣的和平，她想要一段即使有情緒也能坦白說、說了也不被嫌煩的愛情。

她想找的，不是完美溝通者，而是能一起建立情緒安全圈的伴侶。

## 心理學這樣看待妳的經驗

情緒安全感（emotional safety）是親密關係中最基礎卻最常被忽略的心理條件。它指的是雙方在互動過程中能夠放心表達真實情緒、願望與不安，而不擔心被否定、攻擊或冷處理。

心理安全圈的建立不是一蹴可幾，而是來自以下三項穩定溝通結構：

### 一、回應的非防衛性原則

當對方提出情緒時，不急著反駁或合理化，而是先進行情緒確認（validation）。即使不認同內容，也能同理對方的感受存在。

例如：「我知道你會這樣想是因為你在乎我們的關係。」

### 二、分享而非控訴的語言架構

情緒表達時使用「我覺得」、「我希望」而非「你總是」、「你每次都」，將語句重心從攻擊轉為感受揭露，讓對方有空間聽進去。

### 三、主動釐清與修復對話的能力

當彼此語言出現誤解時，有能力暫停衝突、回溯語境，說：「剛剛我的意思其實是……我沒表達好，不是要怪你。」

這三項原則，是情緒安全圈的根基。當兩人都願意在「說錯也不怕被懲罰」的互動裡練習，愛就有了可以呼吸的空間。

# 妳的心理練習本

## 練習一：建立妳的情緒安全圈地圖

請從以下問題出發，為自己描繪出一段關係中所需要的心理安全環境：

- 我在什麼情境下會選擇沉默？這是害怕什麼？
- 我過去表達過什麼情緒被否定，導致我以後不再說？
- 我最希望對方在我說出感受後給我的回應是什麼？
- 我曾經在哪段互動中感覺到被理解、被接住？那個對話是怎麼開始的？

這個練習幫助妳看見自己對情緒安全的需求與理想條件，也能幫助妳未來在選擇關係時，更有意識地選擇那些讓妳能說實話的人。

## 練習二：安全溝通三句話練習

請從以下三句話開始，與伴侶或重要關係對象進行開放性對話：

「有一件事我想說，但我希望你聽完可以不用馬上回應，只要讓我說完就好。」

「我不是要你馬上解決什麼問題，我只是想你知道我這樣感覺。」

「如果我表達得不好，麻煩你幫我釐清，不是責怪你，而是想讓我們更懂彼此。」

這樣的開場語言能降低對方防衛，也能讓對話保持在理解與連結的軌道上。

## 寫給自己的心理備忘錄：情緒可以有溫度，但語言可以有安全

安晴的故事提醒我們，關係真正的穩定，不是因為沒有衝突，而是即使有情緒，也有一個可以說話的空間。

建立情緒安全圈不是尋找完美溝通者，而是找到能和妳一起練習「怎麼說話不傷人，怎麼聽話不自卑」的人。

當妳願意說出需求，也願意聽對方的不安；當妳能夠在對話裡互相釋放善意，關係就會從語言開始修復、從傾聽開始成長。

因為愛不是不說話，而是說了以後，彼此都還在原地，沒有跑掉。

## 戀愛自我探索｜第八章專屬練習

### 練習一：非暴力溝通句型演練

請針對最近一次妳感到不滿或委屈的互動情境，完成以下句子：

1. 當我看到／聽到____________________（具體行為）

2. 我感到____________________（真實情緒）

3. 因為這對我來說意味著____________________（需求）

4. 我希望你能__________________（具體請求，不是指責）

**練習二：我真正需要的是什麼？**

請勾選下列你在關係中最常渴望的情感需求，並簡短寫下為何這對你重要：

☐ 被傾聽

☐ 被理解

☐ 被肯定

☐ 被擁抱或肢體安撫

☐ 對話的深度

☐ 有自主空間

☐ 一起做決定

☐ 情緒上的共鳴

我最重要的前三項需求是：

1.__________________　為什麼？__________________

2.__________________　為什麼？__________________

3.__________________　為什麼？__________________

**練習三：我的情緒安全圈**

請畫出或書寫一個「情緒安全圈」，圈出以下三層人際支持角色：

- 第一圈：我可以毫無防備表達情緒的人（例如某位摯友、伴侶）
- 第二圈：我可以部分分享感受的人（例如同事、親戚）
- 第三圈：我目前還無法坦白，但希望慢慢建立信任的人

寫下每一圈的名字，並思考：我如何讓自己更自在地在第一圈中生活？

# 第九章
# 放手的心理練習：
# 走出一段不對的關係

# 第一節　分手的心理歷程與哀傷五階段

「妳不是脆弱才會痛，而是這段感情曾真實地被妳用心承擔。」

—— 瑞士裔美國精神科醫師

伊莉莎白・庫伯勒－羅絲（Elisabeth Kübler-Ross）

## 如果妳是她，會怎麼做？

若彤與那位男友分開三個月了。她試過刪除對話紀錄、封鎖社群、換了手機桌布，也答應朋友去旅行、重新報名瑜珈課，生活表面漸漸回到正軌。

但她知道，內心那一塊還沒復原。

有時走在熟悉的街道、聽到某首歌、看到對方曾送的東西，她還是會鼻頭一酸，或突然心悸一陣。她不是想復合，只是覺得自己好像還沒真正離開那段關係裡的自己。

剛分開時，她覺得震驚與不真實；接著她懷疑自己是不是太任性；然後是反覆想挽回，又同時告訴自己「他不適合我」。幾天平靜，幾天淚崩，每天像坐雲霄飛車。

她告訴自己：「我應該堅強一點」，卻又一次次在午夜裡想起那些沒說完的話。

直到她某天在讀一本心理書時看到一段話：「分手的痛，是因為妳曾經真心相信這份關係能走下去。」她突然放下那本書，低聲哭了出來。

她終於明白，她不是不夠堅強，而是還在經歷愛的離開後，情緒需要的那場哀悼。

## 心理學這樣看待妳的經驗

精神科醫師伊莉莎白・庫伯勒－羅絲提出「哀傷五階段理論」(five stages of Grief)，原用於解釋重大喪失後的心理反應，後被廣泛應用於情感關係的結束與失落復原過程。這五個階段分別為：

### 一、否認 (Denial)

初期個體難以接受關係終止的事實，常出現「這不是真的」、「也許還能修復」等心理防衛語句。

### 二、憤怒 (Anger)

情緒轉向對前任、對自我、甚至對第三方的責備與憤怒，認為自己不該被這樣對待。

### 三、討價還價 (Bargaining)

心中出現「如果我再多做一點，也許就能挽回」的想像，常伴隨反覆聯絡、幻想與無法放下的糾結。

### 四、沮喪（Depression）

當希望落空後進入真實的哀傷期，感覺無望、失能、自我懷疑與低潮情緒湧現。

### 五、接受（Acceptance）

情緒逐漸平靜，個體能開始與失去共處，重新建構未來生活架構與自我定位。

需特別強調的是，這五個階段並非線性發展，而是交錯出現、重複循環，直到個體的內在完成心理結構的轉化。

分手不是某一天決定斷開就會不痛，而是從斷開之後，每一天都在學著把對方放回過去，把自己拉回當下。

## 妳的心理練習本

### 練習一：分手情緒階段自我盤點表

請回顧過去一週，寫下妳最常出現的三種情緒與對應的心理階段：

| 我的情緒 | 對應的哀傷階段 | 我當下的行為反應 |
|---|---|---|
| 覺得還有可能回頭 | 否認或討價還價 | 傳訊息、重看照片、幻想重逢 |
| 覺得被欺騙、不甘心 | 憤怒 | 指責對方、咒罵或封鎖 |
| 不想起床、想哭 | 沮喪 | 退縮社交、過度睡眠或無力感 |

這張表幫助妳理解情緒的真實邏輯，也提醒自己：這些都不是退步，而是情緒復原的必經過程。

### 練習二：分手自我告別書寫練習

請試著寫下以下段落，自我療癒與心理告別：

「親愛的自己，我知道妳曾真心相信這段關係，也努力守住愛情裡的每一道牆。現在這段感情結束了，不是因為妳不夠好，而是它走完了它的分量。妳可以難過，但妳也值得療癒。妳不是失去了愛，而是正在重新學會怎麼愛自己。」

將這段文字抄寫下來，放在妳生活的某個角落，每次想起對方時就讀一遍，提醒自己：放手是疼痛的，但妳終會從中復原，並帶走更完整的自己。

## 寫給自己的心理備忘錄：失去不是結束，而是妳為自己重新開始的起點

若彤的故事提醒我們，分手的痛不是因為我們脆弱，而是因為我們曾用心承擔了一段關係的重量。

真正能讓妳走出來的，不是時間，而是時間裡妳願意好好看見自己的心。

愛過不代表錯，哭過不代表輸，傷心不代表妳不夠好。那只表示，妳的心還記得曾經有一個人讓它動得很深。

而現在，該是妳讓這顆心，回到妳自己這裡的時候了。

## 第二節　為什麼我總離不開爛關係？

「妳不是沒看清，而是妳太怕放下他，就等於丟下了妳曾付出的自己。」

—— 美國作家琵雅・梅洛迪（Pia Mellody）

### 如果妳是她，會怎麼做？

珊珊談過三段長期關係。每一段都有一個共通點：對方一開始都讓她覺得被需要，後來卻讓她感到被耗盡。

第一任讓她當情緒垃圾桶，每次對方情緒失控，她都出面安撫；第二任習慣失聯，卻總用一句「我就是這樣」把她逼進自責地獄；第三任則是口頭說愛她，行動卻不斷迴避親密與承諾。

她曾經下定決心分手，也真的離開過。但不久後，她又會忍不住點開對方的社群、試圖聯絡，甚至在朋友都勸她不要回頭時，她仍選擇「再給一次機會」。

她知道那不是愛了，也知道自己其實不快樂。但她就是離不開。

她曾問自己：「我是不是沒用？是不是不值得被更好的人愛？」

但她後來發現，她真正捨不得的，不是那個人，而是自己在那段關係裡付出的心、投入的時間、以及那句還沒被實現的「也許有一天會變好」。

## 心理學這樣看待妳的經驗

無法離開一段不健康關係的原因，不全然是因為「還愛著對方」，更多時候是內在的情感成癮與依附迴路未被中斷。

心理學上稱這種狀態為創傷束縛（trauma bonding），指的是個體在一段反覆受傷與補償交錯的關係中，產生一種高度情緒依賴與自我麻痺的心理機制。

這樣的關係通常伴隨以下特徵：

### 一、傷害與補償交替出現

對方讓你受傷後，再用一點溫柔挽回你，使你誤以為「他還是有心的」。這種模式強化了情感循環，使妳對「補償的片刻溫柔」產生成癮反應。

### 二、投入成本錯覺效應（sunk cost fallacy）

妳已經為這段關係投入大量時間與情緒，因此即使知道它不健康，也捨不得讓過去的付出作廢。

### 三、自我價值錯位

妳將「是否能讓他變好」視為自己價值的體現，一旦關係結束，彷彿失去自己的一部分。

### 四、恐懼獨處與未知

離開後的孤獨、空白與「從零開始」的恐懼，使妳寧可選擇「熟悉的痛」也不願面對「陌生的自由」。

這些心理機制綁住妳的不是愛，而是對改變的恐懼與對自我價值的誤解。

## 妳的心理練習本

### 練習一：不健康關係的辨識清單

請誠實檢視妳是否出現以下五項現象：

- 我常為了不讓對方生氣而壓抑自己情緒
- 我總是主動挽回，即使吵架不是我錯
- 我害怕他離開，但更害怕沒人接替
- 我反覆覺得「他其實沒那麼壞，只是最近比較累／煩／沒空」
- 我心裡知道我不快樂，但還是選擇留下來

若妳認為有三項以上符合，妳可能正處於一種情感依附成癮狀態中。

### 練習二：心理斷鏈四步驟

- **承認現實**：「這段關係讓我不快樂，我不再合理化他的傷害行為。」
- **重新定義價值**：「我的價值不在於能不能讓他變好，而在於我願不願意照顧好我自己。」
- **建立替代行動**：「我將用與朋友深度交流、培養興趣、紀錄情緒來取代對他的注意力投注。」

- **設立距離界線**：「即使想聯絡，我也會先給自己 24 小時冷靜期，並將社群封鎖視為保護自己的一種方式，而非懲罰對方。」

這套斷鏈流程不是叫妳狠心，而是幫助妳從反覆內耗的情緒綁架中抽離，重新做回自己的主人。

### 寫給自己的心理備忘錄：不是他讓妳走不了，而是妳還沒選擇為自己離開

珊珊的故事提醒我們，妳不是不夠清醒，而是太習慣用愛忍耐、用忍耐證明愛。

但一段讓妳耗盡的關係，再愛都不能讓妳重生。

放手不是否定過去，而是為了未來留下空間；不是證明他錯，而是證明妳值得更好。

離開爛關係，不需要再多理由，只需要一個選擇：我現在想過得比昨天更好。

## 第三節　情感創傷與「戀愛創傷症候群」

「創傷不是事件，而是那個事件在妳體內留下的未解之痛。」

——美國精神病學家貝塞爾・范德寇（Bessel van der Kolk）

## 如果妳是她，會怎麼做？

宜庭曾深愛一個人，也深深被那段關係傷過。

對方一開始溫柔體貼，讓她覺得找到了能依靠的人。但幾個月後，對方開始忽冷忽熱，訊息回得慢、理由多、承諾少，最後還被她發現，他同時也與其他女性保持曖昧。

她沒有立刻離開，而是選擇相信那句「我只是還沒準備好，但我最在乎的是妳」。

她用兩年的時間，等待他回頭，試圖變得更好、更獨立、更懂事。直到對方突然宣告結束，彷彿她所有的努力，都被一句「對不起」一筆勾銷。

之後她花了很久時間才恢復日常節奏，但每當有新對象靠近時，她就會下意識地退一步。

明明對方很正常，她卻總懷疑：「他會不會哪天也不見了？」、「我是不是太快相信人？」

每次情緒升起，她就立刻理性壓下；每當感覺到對方靠近，她就比誰都冷靜。

她不是不想再愛，而是她的心，還記得那次崩塌後自己是怎麼重建的。

那道防線，不是冷漠，而是她對再一次受傷的本能性保護。

## 心理學這樣看待妳的經驗

情感創傷，是指在一段具有高度情感投資的關係中，個體經歷了突然性斷裂、長期否定或重大背叛，所導致的深層心理損傷。

創傷性經驗不僅留在記憶裡，更深植在身體與情緒反應之中。心理學家茱蒂絲・赫曼（Judith Herman）指出，創傷會改變一個人對人際信任、情緒調節與自我認同的感知方式。

所謂「戀愛創傷症候群」（romantic trauma syndrome）具備以下特徵：

### 一、過度警戒與信任障礙

對新的關係保持距離，不敢真心投入，對對方的情緒稍變即產生預設性懷疑。

### 二、情緒迴避與理性過度

常說「我沒事」、「我很好」，但實則將情緒隔離於理智之外，無法坦承自己仍渴望被愛。

### 三、關係重複創傷模式

潛意識重演舊有創傷結構，例如吸引相似型傷害者，或陷入同樣的情感控制循環。

### 四、自我否定與價值扭曲

將過去被拋下或背叛的經驗歸因為「我不夠好」、「我不值得被愛」，進而降低自我價值感。

這些現象若未被覺察與修復，不僅影響戀愛，還會擴散到自我認同、人際信任與生活態度。

## 妳的心理練習本

### 練習一：創傷記憶的重述與重寫

請完成以下句子，並嘗試區分「事件」與「內化信念」：

- 我曾在關係中受傷，因為對方＿＿＿＿＿＿＿＿＿＿＿＿
- 我當時最深的感受是＿＿＿＿＿＿＿＿＿＿＿＿＿＿＿＿
- 我從這段經歷中開始相信：「」（這句話常是妳創傷性信念核心）
- 但今天我願意重新對自己說：「」（為自己重建新的心理框架）

此練習幫助妳從「我是那段傷害的結果」轉向「我是能從傷裡長出來的人」。

### 練習二：情緒安全感恢復訓練表

請列出三種妳可以自主建立安全感的行為，並在未來戀愛中有意識地實踐：

- 當我覺得對方晚回時，我會選擇先照顧自己的情緒，而不是猜測他意圖
- 我願意慢慢說出我的需求，即使不確定對方會怎麼回應
- 我不再用「全然相信或全然不信」來定義關係，而是允許關係有模糊、調整與共同成長的空間

這些行為有助於妳從恐懼中重建連結能力，讓愛不再只是風險，也是一種選擇。

## 寫給自己的心理備忘錄：<br>創傷不是妳的錯，但修復是妳的責任

宜庭的故事提醒我們，每個在愛裡曾受過傷的人，都可能留下一道「別再靠近」的防線。但妳不是不能再愛，只是妳的心還在等一個安全的訊號 —— 那個訊號，有一部分也可以由妳自己釋出。

創傷不會憑空消失，但當妳願意看見它、承認它、對自己溫柔，它就會慢慢鬆動。

妳曾被傷害，卻仍願意相信愛；那不是天真，是勇氣。

妳曾崩塌，卻願意重新站起來；那不是脆弱，是重生。

## 第四節　重建自我價值的復原計畫

「妳不是從一段關係中恢復，而是從妳不再相信自己有價值的念頭中恢復。」

—— 美國心理學家塔拉．布拉克（Tara Brach）

### 如果妳是她，會怎麼做？

小芷曾以為，失戀會讓人變得堅強。但她發現，真正讓人變堅強的，是「在沒有愛情撐住妳的時候，妳還願意照顧自己」。

她分手後，有好長一段時間不再主動與人約會。不是怕遇不到好的人，而是她還沒準備好再次相信「自己值得被溫柔對待」。

她回頭看那段感情，她記得自己為對方改變穿衣風格、調整工作時間、減少朋友聚會，只為了「配合他要的樣子」。

後來她終於問自己一句話：「那段感情裡的我，真的快樂嗎？」

答案是沒有。

真正的失落，不是失去一個人，而是失去在愛裡做自己的能力。

這一年來，她開始重新安排生活，參加原本想學卻總延後的攝影課；每週一晚上不再加班，改去上一堂女性身體覺察課；

她也練習每天寫三句自我肯定語，提醒自己：「我值得被喜歡，不需要證明。」

她明白，自己不會立刻完全復原，也不需要完美。但她知道，從現在開始，每一個讓自己喜歡自己的選擇，都在讓她重生。

## 心理學這樣看待妳的經驗

關係創傷後的復原，不只是「不再想起對方」，更是重新肯定自己的價值，與重建與自己的關係。

心理學家克莉絲汀．聶夫（Kristin Neff）提出自我關懷三因子模型，包括：

### 一、自我溫柔（self-kindness）

學會對自己的失落、脆弱與跌倒抱持理解而非批評。

內在語言從「我怎麼那麼蠢」轉向「這段經歷真的很難，但我還在努力」。

### 二、共通人性（common humanity）

理解痛苦並非個人失敗，而是人之常情。每個人都可能經歷情傷、失望、崩潰，而妳不是唯一。

這份覺察能降低羞愧感，提升心理韌性。

### 三、正念覺察 (mindfulness)

不過度投入痛苦，也不逃避感受，而是看見情緒、接受它的存在，並對當下保持清醒。

復原的關鍵不在忘記過去，而在於能否在新的生活架構中，重新建立「我是誰」的自我定位。

## 妳的心理練習本

### 練習一：自我價值復原評估表

請寫下以下問題的答案，幫助妳覺察創傷後的心理轉變與復原程度：

- 我是否仍將過去關係的結局視為自己的失敗？
- 我現在對自己有哪些新的認知？
- 我最近做過哪三件讓我感到「我尊重我自己」的行動？
- 我是否在生活中安排了一些**只為自己開心而做的選擇**？

這些問題的答案將指引妳看見復原的具體進程，也讓妳理解：重建自我價值，不是靠外界認同，而是靠一連串溫柔且堅定的自我照顧行為。

### 練習二：自我價值語言每日訓練

請每天對自己說出以下三句話，並可於鏡前、書寫或錄音方式進行：

- 「我值得被愛，即使現在還沒有對象。」
- 「我不需要完美才能夠被肯定。」
- 「我選擇不再把愛變成考試，而是把生活變成我的作品。」

這些語言將慢慢成為妳新的內在聲音，幫助妳在未來的每段關係中，不再懷疑自己、不再討好、不再用別人的喜歡定義自己有沒有價值。

## 寫給自己的心理備忘錄：<br>愛情不再定義妳，妳開始定義愛情

小芷的故事提醒我們，真正的復原不是「沒事了」，而是當情緒再度湧上來時，妳已經學會陪伴自己。

放下不是抹除過去，而是給未來留白；重建不是要變成更強的人，而是更柔軟、更懂得自己要什麼的人。

從這刻起，妳不再等誰來肯定妳的價值，因為妳已經明白：

我值得被愛，不因我改變什麼，而因我就是我。

## 戀愛自我探索｜第九章專屬練習

### 練習一：我的分手歷程整理

請針對一次妳印象深刻的分手經驗，填寫下列問題：

1. 當時的分手是誰提出的？過程中妳的感受為何？

2. 妳經歷過哪些情緒階段？（否認、憤怒、討價還價、沮喪、接受）
3. 妳目前是否仍對那段關係懷有情緒？是哪一種？
4. 妳覺得當時的自己學到了什麼？又失去了什麼？

**練習二：創傷型情感後遺症自我檢查**

☐ 在新關係中常懷疑自己是否值得被愛

☐ 難以信任下一個對象，即使對方表現正常

☐ 對戀愛本身失去信心或抗拒靠近他人

☐ 一再重複選擇類似會傷害自己的人

☐ 即使過了很久，仍無法談起某段關係而不感到刺痛

勾選三項以上，建議進行創傷修復性書寫或情緒重建練習。

**練習三：我值得被好好愛**

請用以下語句作為起點，重新書寫妳的情感信念與自我認可語言：

1. 我不是失敗者，我是__________________。
2. 那段關係沒有定義我，而是__________________。
3. 現在的我，正在__________________。
4. 我最想對過去那個努力愛著別人的自己說：__________。

# 第十章
# 單身不是失敗，是力量的來源

## 第一節　單身生活的社會偏見與心理反思

「妳不是還沒被愛，而是選擇讓自己不隨便進入錯的愛。」

——美國心理學家卡羅爾·吉利根（Carol Gilligan）

### 如果妳是她，會怎麼做？

安晴滿三十五歲那年，收到了第五次被朋友在婚禮現場「善意問候」的句子：「怎麼妳這麼優秀，還是單身啊？」

她笑笑地回：「我現在很喜歡一個人的日子，沒有不好。」

但她知道，笑容背後，有一點點疲憊。不是因為沒有人愛，而是因為這個社會始終用「有沒有伴侶」來衡量一個女人的完整與成功。

她是創業者，有自己的團隊與品牌，生活穩定，也有幾位可以深談的好友。但在家人聚會上，她的職涯與理想，總被一句「還是要有人陪啦」輕描淡寫。

她不是不想談戀愛，但她拒絕將「有人在身邊」當作生活唯一的亮色。

她曾有過愛，也有過傷。她知道怎麼愛人，更知道怎麼在不愛的時候，好好與自己相處。

她慢慢明白，單身不是等待愛的過渡期，而是一種選擇：在還沒遇到對的人之前，先成為對自己最好的人。

## 心理學這樣看待妳的經驗

「單身」在多數文化中常被視為未完成的狀態，特別對女性而言，單身更容易被貼上「孤單」、「失敗」、「過期」等負面標籤。

社會心理學指出，這種框架來自於以下三種系統性偏見：

### 一、戀愛至上主義 (amatonormativity)

社會普遍預設人生的完成公式中必須包含「親密關係」，將戀愛與婚姻視為幸福的終點，而忽略人際支持與自我實現的多元形式。

### 二、性別角色期待疊壓

女性被期待在適齡結婚、育兒，同時也要有成就與溫柔，單身女性因此常承受「太強勢所以沒人愛」、「太挑剔所以還單身」等隱性指責。

### 三、群體對稱心理焦慮

社交圈中的大多數人若已婚或穩定交往，對單身者的不適並非惡意，而是出自「妳不一樣」所激發的不確定感，進而產生替代性焦慮與過度關心。

但心理學教授貝拉．德保羅 (Bella DePaulo) 長年研究單身者心理適應力，指出：單身不是愛的缺席，而是選擇讓愛有更好容器的階段。真正的幸福感，不來自伴侶的存在，而來自個體是否擁有主導自己人生與情感節奏的能力。

# 妳的心理練習本

## 練習一：妳所承接的單身偏見語錄

請寫下過去一年妳聽過的對單身狀態的「評論或問句」，並標注妳當時的內在反應：

「怎麼還不結婚？」

→我的內心回應是：________________

「太會過日子了所以沒人敢追妳吧！」

→我的內心回應是：________________

「一個人過節不會孤單嗎？」

→我的內心回應是：________________

這項練習幫助妳從自動反應轉為意識選擇：妳可以選擇不再默默承接他人對妳人生腳本的預設。

## 練習二：單身狀態的優勢自我覺察表

請寫下單身時妳享有的五項具體自由或幸福體驗：

- 我可以毫無顧忌地安排自己的時間，做我真正想做的事
- 我不用調整自己去迎合任何人的生活節奏
- 我可以將資源與情感投注在我真正在意的事物上
- 我在人際關係中更真實地面對自己與他人的界線
- 我對愛的定義更清晰，也更願意等待對的人出現

這些條目將成為妳未來在面對社會質疑時的心理錨點，也是一份提醒妳：單身從不是遺憾，而是妳選擇為自己保留更多可能。

### 寫給自己的心理備忘錄：
### 妳不需要有人陪，才叫被成全

安晴的故事告訴我們，當妳的價值與幸福感不再被戀愛狀態所綁定，妳的世界就真正寬闊了起來。

單身不是愛情的缺席，而是愛自己的延伸。

不是還沒開始的人生，而是另一種成熟的形式。

妳不是沒人愛，而是妳選擇還沒交出那顆心，直到它遇見真正值得的人。

而在那之前，妳的生活，也值得豐盛且閃亮。

## 第二節　自我滿足與情感充實的練習

「別人可以帶來快樂，但妳得自己準備幸福。」

—— 美國心理學家

芭芭拉．弗雷德里克森（Barbara Fredrickson）

## 如果妳是她，會怎麼做？

若彤曾經以為，幸福是兩個人一起的狀態。

以前她習慣等人一起看電影、等人回訊息才開始吃飯、等一段關係有結果再安排自己的未來。她的日常好像總在等待。

後來有一段時間她單身得很不自在。不是沒人約會，而是沒人靠近時，她常有種空虛的晃盪感。像是走在夜裡無人陪伴，哪怕天氣再暖，心還是冷的。

她開始想，如果永遠都有人不在，那是不是要學會一個人在的時候，也讓日子發亮。

從那天起，她改變了一些事。

她開始練習在每天醒來時問自己：「今天我想對自己好一點嗎？」

她開始不再用別人的行為衡量今天心情的走向，而是自己替自己安排溫度——泡一壺熱茶、跑一圈河堤、挑一部老片看完哭個夠。

她也開始把「我值得被照顧」這件事，從對別人的期待，轉為對自己的承諾。

現在的她，依然會期待愛情，但已不再害怕孤單，因為她已經懂得：情感飽足感，其實可以自己創造。

## 心理學這樣看待妳的經驗

心理學中「自我滿足（self-satisfaction）」是一種由內而生的情緒補給能力，能讓人在沒有他人支持的情況下，仍能維持情緒穩定與價值感受。

這並非壓抑或逃避，而是一種「轉向內部滿足機制」的覺知與實踐。

根據正向心理學家松雅・隆博米爾斯基（Sonja Lyubomirsky）的研究，幸福感來源中有 40％可透過個體主動行為改變產生，而這部分便是「自我滿足力」的核心來源。

自我滿足的心理基礎包含三個層次：

### 一、日常儀式感的設計

透過重複性且有意義的小行動，讓生活產生節奏與期待感。例如每日固定冥想十分鐘、週末早上留給自己做早餐與閱讀。

### 二、自我回應與安撫能力

當情緒低潮時，能覺察自己的感受並給予對應行動，而不是依賴他人回應來調節。舉例來說，感覺焦慮時不是等人安慰，而是出門走走或書寫情緒日記。

### 三、意義感活動的規律化

投入能產生內在價值感的活動（如創作、運動、志工、進修），讓「我是誰」不依賴「誰在我身邊」，而是源自「我在做什麼、我喜歡什麼」。

這些做法不是填補空虛，而是讓妳不空虛。

## 妳的心理練習本

### 練習一：情感自給行動設計表

請設計屬於妳的一週情感充實計畫，回答以下問題：

- 什麼行為能讓我覺得被自己照顧？
- 我是否每天安排一個「只為自己」的時段與活動？
- 當我情緒低落時，我有哪些不靠他人也能轉化的方式？

請建立如下表格，供妳實踐並調整：

| 星期 | 我的自我照顧行動 | 完成後感受 |
|---|---|---|
| 一 | 下班後去書店買一本散文集 | 放鬆、感覺被自己理解 |
| 三 | 自己煮晚餐並點蠟燭吃飯 | 有儀式感、感覺被對待 |
| 六 | 上午不接任何訊息只練瑜珈與伸展 | 靜心、重新整理情緒 |

### 練習二：自我情感補語練習（self-affirmation）

請每日練習下列語句中的任選三句，早晚朗讀或書寫：

- 「我願意成為自己的情緒避風港。」
- 「我不等別人回應，才能決定我今天快不快樂。」
- 「我給自己的溫柔，從來不需要誰來批准。」

◉ 「我值得快樂，不因為有誰在我身邊，而是因為我已學會愛我自己。」

這些語句將慢慢重寫妳的內在對話，讓妳不再把快樂綁在別人身上，而是從自己這裡開始擴展出去。

### 寫給自己的心理備忘錄：妳不是不需要愛，而是妳已經學會先愛自己

若彤的故事提醒我們，愛情不是人生的必需品，而是額外的風景。而那些會自己點燈的人，即使身旁還沒有人，也能把房間照亮。

自我滿足不是自我封閉，而是一種內在富足。

真正幸福的單身狀態，不是拒絕愛，而是當愛還沒來時，妳也能過得很好。

因為當妳能自己讓自己開心、自己讓自己被理解，妳就再也不會因為沒人陪，就覺得人生不完整。

## 第三節　「孤獨力」心理素養的養成術

「孤獨不是一種處境，而是一種能力。會孤獨的人，才有完整的自己。」

——英國精神病學家安東尼·司鐸（Anthony Storr）

## 如果妳是她，會怎麼做？

珊珊過去從不敢一個人去餐廳，覺得尷尬、空虛、像個沒人要的人。她習慣隨時有人陪伴，即使那個陪伴讓她不快樂，她也不願面對一個人的寂靜。

她的感情經常在這樣的恐懼中開始與結束。她不是愛那個人，她只是需要有人填補那些「晚上沒人回訊息」的空白。

直到有次朋友臨時爽約，她鼓起勇氣一個人走進熟悉的餐廳，點了一份從沒敢點的雙人份烤雞，邊看書邊吃飯。她以為會尷尬，卻在那天感受到一種前所未有的自在。

後來她開始練習一個人旅行、自己逛街、看展、進戲院。

她不再需要一直有「人在身邊」，才能覺得安心。她開始明白，孤獨不是妳沒有別人，而是妳能不能成為自己的陪伴者。

## 心理學這樣看待妳的經驗

「孤獨力」是指個體在獨處時，仍能保持心理穩定與內在連結的能力。它不是一種性格，而是一種心理素養，可透過練習與自我對話逐步養成。

根據心理學家約翰．卡喬波（John Cacioppo）提出的「孤獨調節理論（loneliness regulation theory）」，孤獨是一種信號系統，提示我們人際連結的缺口。

在後續研究與應用中，孤獨被進一步劃分為三種心理層次的感受：

### 一、社交孤獨 (social loneliness)

缺乏日常互動與社會參與，感到與他人脫節的表層孤單。

### 二、情感孤獨 (emotional loneliness)

即使身邊有人，卻缺乏深層連結與情感支持，常伴隨「無人真正懂我」的空洞感。

### 三、存在性孤獨 (existential loneliness)

當個體對自身存在意義、與生活的連結感感到破碎時，出現的深層失落與疏離。

而「孤獨力」的建立，並非消除這些孤單，而是能在孤獨中找到情緒穩定與自我支持的出口。

此能力的養成需依賴以下三項心理調節要素：

- **建立內在陪伴語言**：學會對自己說話，將內在對話由批評轉向安撫。
- **創造與自己共處的舒適場域**：如固定一個人的下午茶時光、寫週記、獨行小旅行。
- **從孤獨中生出創造性連結**：透過創作、閱讀、冥想或自然接觸，培養與世界的深層連繫。

## 妳的心理練習本

### 練習一：我的孤獨感地圖

請回想下列時刻，並寫下妳的感受與應對方式：

- 當我週末沒有任何人聯絡我時，我的內在聲音是什麼？
- 當我看見朋友成雙成對，我是否將自己與他人做比較？
- 當我下班後一人回家，我是逃避靜下來？還是能安心放鬆？

這些問題幫助妳釐清妳對孤獨的認知是來自「他人期待」還是「自我選擇」，也能協助妳辨識是否正在將孤獨等同於失敗。

### 練習二：「一人行動」信心階梯

請設計一個屬於妳的「孤獨力練習階段表」，從最簡單的獨處任務做起：

| 等級 | 行動任務 | 完成後感受 |
|---|---|---|
| 初階 | 一個人喝咖啡並不滑手機 | 專注、內在清晰感 |
| 中階 | 一人看電影或展覽 | 被自己陪伴的滿足 |
| 進階 | 安排一日獨旅，規劃整天行程 | 自主感、成就與自由感 |

完成後請記得給自己一句肯定語，如：「我能給自己的陪伴，從不比任何人差。」

### 寫給自己的心理備忘錄：孤獨不是空白，而是妳給自己的時間

珊珊的故事提醒我們，孤獨不是失敗，而是重建與自己的關係的空間。

當妳開始不怕孤單，妳就能選擇靠近，而不是因為恐懼被棄而黏著；當妳學會陪自己吃飯、看電影、散步、落淚，妳也會更有勇氣，面對更完整的愛。

孤獨的練習，不是關掉人際連結，而是打開與自己的連結。

當妳能在安靜中不慌張，妳就有了愛人之前，最穩的底氣。

## 第四節　愛自己不是口號，是可實踐的日常

「真正的愛自己，不是每天說幾句話安慰自己，而是每天做一點事成全自己。」

—— 美國心理學家克莉絲汀・聶夫（Kristin Neff）

### 如果妳是她，會怎麼做？

安晴剛開始單身時，最常聽到的一句話就是：「愛自己就不會痛了。」

她也照做了。她買花、泡澡、買貴的保養品、吃好吃的甜

點、寫手帳寫下「妳很棒」。

但她心裡清楚，有些時候，她還是會在洗完澡、香氣繚繞的浴室裡，默默覺得寂寞；在拍下打卡照後，躺回床上還是空著一邊。

她開始懷疑：「難道我還是不夠愛自己嗎？」

直到後來，她發現，愛自己不是對抗寂寞的劇本，而是練習在每一次選擇裡，把自己放進優先順序裡。

她開始更早睡覺，不是為了讓自己變漂亮，而是她發現早起的清晨，能讓她心比較安定；她開始週末少了社交局，而是讓自己整天看書、寫作、種植物；她開始少一點討好別人的回應，多一點問自己「我是真的想答應嗎？」

她的生活還是一樣單身，但她的日子不再空蕩，因為她每天都在用行動向自己證明：我，是我最重要的人。

## 心理學這樣看待妳的經驗

「愛自己」在心理學上是一種自我關懷（self-compassion）與價值實踐（self-affirming action）的結合，不是單純情緒喊話，而是持續性的自我照顧行為。

心理學家克莉絲汀・聶夫研究指出，愛自己的實踐感來自三個層次：

### 一、身體上的照顧感

包括飲食規律、適量運動、充足睡眠與身體感官的尊重。例如選擇吃營養食物而非情緒性暴食、以運動釋放壓力而非內耗。

### 二、情緒上的保護感

在情緒受傷時，允許自己脆弱而不自責，並能說出「我現在需要被自己好好照顧」，而非強迫自己硬撐或壓抑。

### 三、選擇上的自我優先權

在人際互動與生活安排中，有能力辨識「哪些是我真的需要、而不是別人期待我配合的」，並為自己的選擇負責。

這些層次構成了一種一致性自我愛模式——說出口的信念，對應得上實際的行動；腦袋知道自己重要，行為也這樣對待自己。

## 妳的心理練習本

### 練習一：愛自己的一日觀察表

請在一天結束後，回答以下問題：

- 今天我有沒有哪個時刻，是為了別人期待而壓抑了自己的需求？
- 今天我有沒有為自己做一件不為他人，只為自己舒心的事？

- 今天我做過的每一個選擇裡，有多少是「對自己友善」的？

從這些回答中，妳會漸漸明白，「愛自己」不一定要很大聲，而是在生活裡有感，對自己不辜負。

### 練習二：「愛自己的五感計畫」

請嘗試從五種感官出發，為自己安排每日的小獎賞，並記錄感受：

| 感官 | 日常實踐 | 感受記錄 |
|---|---|---|
| 視覺 | 每天為自己選一張喜歡的圖片當手機桌布 | 看著就覺得平靜、有溫度 |
| 嗅覺 | 用喜歡的精油泡澡或在枕頭上滴幾滴香氛 | 入睡前心情比較柔軟 |
| 聽覺 | 為自己整理一份「安心感」歌單 | 一邊走路一邊覺得被擁抱 |
| 味覺 | 不為社交、只為自己煮一道喜歡的料理 | 溫暖、踏實，有回家的感覺 |
| 觸覺 | 練習按摩、泡腳、或使用柔軟的布料 | 感覺身體被自己接住了 |

這套「五感計畫」讓妳在最日常的事物裡，持續感受到：我正在善待自己，並值得被善待。

## 寫給自己的心理備忘錄：當妳真的愛自己，世界就不會輕易把妳拉走

安晴的故事告訴我們，愛自己不是做一次 spa，不是寫三行日記，不是買下一個精品包，而是每天多一點願意為自己留位置的選擇。

當妳吃東西是為了照顧，而不是填補；當妳睡覺是為了休息，而不是逃避；當妳拒絕，是為了保護，而不是怕被討厭——這時的妳，已經不是喊著「要愛自己」的人，而是正在真的愛自己的樣子。

那樣的妳，即使單身，也會在生活裡閃閃發光。

## 戀愛自我探索｜第十章專屬練習

**練習一：妳不是因為單身而失敗**

請寫下妳曾被說過或自己內心曾懷疑過的單身偏見語句，並試著拆解背後的觀點與妳的真實想法：

偏見語句一：

這句話背後隱含的價值觀是：＿＿＿＿＿＿＿＿＿＿＿＿

我對這句話的真實感受與想法是：

＿＿＿＿＿＿＿＿＿＿＿＿＿＿＿＿＿＿＿＿＿＿＿＿＿

偏見語句二：

這句話背後隱含的價值觀是：＿＿＿＿＿＿＿＿＿＿＿＿

我對這句話的真實感受與想法是：

＿＿＿＿＿＿＿＿＿＿＿＿＿＿＿＿＿＿＿＿＿＿＿＿＿

**練習二：孤獨力與自我照顧日常設計**

請設計妳專屬的「單身充電儀式」，針對以下三個面向提出具體行動：

1. 生理照顧（飲食、運動、睡眠）：

＿＿＿＿＿＿＿＿＿＿＿＿＿＿＿＿＿＿＿＿＿＿＿＿＿

2. 心理放鬆（閱讀、靜心、自我對話）：

＿＿＿＿＿＿＿＿＿＿＿＿＿＿＿＿＿＿＿＿＿＿＿＿＿

3. 社交連結（選擇性互動、人際支持）：

＿＿＿＿＿＿＿＿＿＿＿＿＿＿＿＿＿＿＿＿＿＿＿＿＿

**練習三：我對自己說的三句話**

請為妳的單身生活寫下三句溫柔而有力的語言，每天早晨或夜晚讀給自己聽：

1. 今天的我＿＿＿＿＿＿＿＿＿＿＿＿＿＿＿＿＿＿＿。

2. 就算沒有人陪，我依然＿＿＿＿＿＿＿＿＿＿＿＿＿＿。

3. 我值得被愛，也值得＿＿＿＿＿＿＿＿＿＿＿＿＿＿＿。

# 第十一章
# 網路戀愛與
# 現代交友 App 的心理操作

# 第一節　交友軟體的心理學原理與行為模式

「當愛情變成滑動行為時，我們愛上的，常是自己在螢幕裡的想像。」

——美國社會學家雪莉・特克爾（Sherry Turkle）

## 如果妳是她，會怎麼做？

小芷下載了交友軟體，是在朋友不斷慫恿後的一個深夜。她原本不相信這種東西，但卻又偷偷好奇：「現在的戀愛，都從這裡開始了嗎？」

她設好簡介，挑了幾張她認為「不做作又剛好有氣質」的照片，然後開始滑。

第一天，她收到超過五十個喜歡通知。她瞬間感覺被肯定、被選擇、被看見。

但隨之而來的是：訊息多到不知從何回、對話總在兩三句後冷場、重複問她工作與興趣的人令人疲憊。

她曾經認真聊了一位看起來契合的人，但對方突然消失，無預警斷聯。她一邊安慰自己：「這只是演算法的遊戲」，一邊又忍不住重新打開 App，希望「那個人會不會又出現」。

她發現自己一邊批判這樣的交友方式，一邊又被它的機制吸引，進退失據。

她開始想：是這些 App 改變了我們愛人的方式，還是我們讓愛變得像 App 一樣，被設計、被挑選、被放棄得那麼快？

## 心理學這樣看待妳的經驗

交友 App 並非單純的社交工具，而是一種以演算法與心理行為科學為基礎所建構的注意力平臺。它的設計初衷並不完全是幫助人找到穩定關係，而是延長使用者停留時間、創造行為成癮迴路。

其核心心理原理如下：

### 一、間歇性強化機制 (intermittent reinforcement)

配對通知並非即時顯示，而是透過不定期推播「有人喜歡妳」，讓使用者產生如同賭博機制般的期待心理。

### 二、選擇超載效應 (choice overload)

太多可選擇對象讓人陷入「決策疲勞」，導致反而難以做出穩定選擇，長期形成輕率篩選與淺層互動的習慣。

### 三、自我形象控制與呈現焦慮

使用者往往花費心力經營照片、文字風格，造成「我提供了一個理想化版本的我」，進而出現自我疏離與對真實互動的逃避。

### 四、情緒操控與補償性使用

人在孤單、焦慮、失落時特別容易打開交友 App，平臺演算法據此推播訊息與配對，加強「這裡能讓妳感覺好一點」的心理依賴。

從心理學角度來看，交友軟體並非天生錯誤，而是其系統設計若無節制使用，容易將人引入「虛假親密、真實疏離」的情感結構。

## 妳的心理練習本

### 練習一：交友 App 使用意圖盤點表

請誠實回答下列問題，辨識妳目前使用交友軟體的心理狀態：

- 我打開這個 App，是因為我真的想認識人，還是只是太無聊／太寂寞？
- 當我沒有配對或訊息冷清時，我的情緒會有明顯落差嗎？
- 我是否曾因為滑太久而感到空虛或被比較焦慮？
- 我對在這個平臺上遇見真實關係，感到信任還是懷疑？

這些問題將幫助妳理解：妳是在使用工具，還是被工具使用？

### 練習二：數位戀愛的節奏設計

請試著制定一份妳的使用原則，並承諾自己實踐：

- 我每次使用交友 App 的時間限制為______分鐘
- 我不在情緒極端時（過度空虛、憤怒或喝酒後）打開 App
- 我只與有意識聊天三次以上且願意互動升級的人約見面
- 我不為了維持對話而迎合、過度自我揭露或委屈配合

這份原則表不是限制妳，而是幫妳從主動中找回節奏，從使用中找回界線。

## 寫給自己的心理備忘錄：被選擇，不如學會選擇；被喜歡，不如學會辨識

小芷的故事提醒我們，在交友 App 的世界裡，感覺被喜歡不代表真的被了解，配對成功也不代表關係會發生。

妳不是不能使用這樣的工具，而是妳要知道：每一次滑動都在鍛鍊妳的情感選擇肌肉。

當妳學會放下演算法給妳的刺激感，開始為自己設定互動原則與情感節奏，那麼，哪怕是在一個以速食戀愛為主場的環境裡，妳也能活出自己的選擇與尊嚴。

## 第二節　虛擬親密感與錯誤期待的心理警覺

「不是每一段對話都能走成關係，但每一次心動都該留給能負責的人。」

—— 美國心理學家讓・特溫格（Jean Twenge）

### 如果妳是她，會怎麼做？

珊珊與 Leo 配對是在某個下雨的晚上。他一開始的開場就讓她眼睛一亮，不是「嗨美女」，而是：「妳也曾經為了別人改變過自己嗎？」

這不是一般的交友 App 開場白，而她剛好也想聊這個主題。他們連續五天每天聊天到凌晨，從喜歡的音樂談到職涯焦慮、童年故事、甚至彼此的創傷經驗。

她覺得這不是普通的互動，這是連結，是共鳴，是久違的心靠近。

她開始期待訊息，為了看到他的回應，會不自覺打開 App 十幾次；當他晚回一點，她會開始不安。

第七天，他說他很累，想休息一下，訊息明顯減少。第九天，他消失了。

封鎖，無聲，斷聯。

她反覆讀著對話紀錄，問朋友：「他怎麼可以突然這樣？我們聊了那麼深的事。」

朋友說：「妳們不是真的在一起啊。」

但她知道，她的心是真的動了。

## 心理學這樣看待妳的經驗

「虛擬親密感」（parasocial intimacy）是一種常見於數位互動時的心理錯覺，指的是在缺乏實際接觸的情況下，使用者對對方產生過度的親密感與期待反應。

其形成基礎包括：

### 一、深度對話的錯位投射

線上互動跳過社交緩衝，直入個人話題與心理層面，容易讓人誤認「我們很懂彼此」，實則彼此背景、價值觀、行為模式仍是陌生人。

### 二、互動頻率與心理依賴形成正比

每天固定聊天易產生「情感節奏」依賴，導致中斷後產生如同失戀般的落差感。

### 三、即時反應加速情緒連結

交友 App 讓對話回應與互動快感被壓縮在短時間內，大腦將「短期大量互動」等同於「熟悉與親密」。

### 四、關係角色的自我投射

個體常將心中理想戀人形象套在對方身上，將對方的文字與語氣過度解讀為真實情感的反映。

然而，虛擬親密感不代表真實關係的建立，也不能成為情感投資的依據。如果未能清楚區分「情緒靠近」與「行為可靠」，將容易形成錯誤期待與過度失落。

## 妳的心理練習本

### 練習一：虛擬連結真實評估表

請針對最近一次網路互動進行評估：

- 我們認識多久了？我對他的了解是否來自現實行為還是對話內容？
- 我是否曾經因他沒回訊息就失落？這樣的失落是否與我們關係的實質進展相符？
- 我是否已經將他想像成某種理想型，而忽略他還是個我沒見過、沒驗證過的陌生人？

這份評估有助於妳將情緒拉回現實比例，重新釐清互動的真實進展程度。

### 練習二：情感連結確認四問法

下次妳開始與某人建立網路互動時，請問自己以下四句話：

- 我是否能區分「我們聊得來」和「我們適合交往」？
- 我是否願意給這段關係時間與實體驗證機會，而非只靠訊息維繫？
- 當他忽然退場時，我能否仍維持情緒平穩？
- 如果我們不曾見面，我會否仍覺得這段關係是真實的？

這些問題不是要妳冷淡或防備，而是讓妳在投入前，先確認自己是否帶著足夠的覺知與界線。

## 寫給自己的心理備忘錄：不是妳太敏感，而是妳太快讓一個螢幕裡的人住進了心裡

珊珊的故事提醒我們，虛擬世界的交流可以快、可以深，但不代表它能撐起一段真實關係的全部重量。

妳的心很珍貴，它值得給願意一步步靠近的人，不是只在鍵盤上熱情，卻在真實中轉身的人。

不要讓短暫的聊天，承擔妳全部的希望；不要讓一時的靠近，替代了真實的陪伴。

真愛值得等，真實值得驗證，而妳的心，值得被真心對待。

# 第三節　如何透過網路建立真實而穩定的關係？

「在數位時代，愛情的起點可以虛擬，但穩定的關係，始終需要落地。」

——美國人類學家海倫・費雪（Helen Fisher）

## 如果妳是她，會怎麼做？

安晴認識 Eric 是在一個閱讀主題的交友平臺上。對方沒有炫目的照片，但寫了一段誠懇的自我介紹：「我想找一個能一起沉默，也能一起笑的人。」

這句話讓她想點開來聊聊。

初期的互動不快，但很紮實。他會等她回訊，不催促、不試探，也不裝熟。當她說最近在讀一本談親密恐懼的書，他不是只是回應「好酷喔」，而是問她：「妳從什麼時候開始覺得自己怕靠近？」

他們線上互動兩週後，她提議用語音聊聊。他答應，並主動說：「我們可以每週固定有一次語音交流，不是為了進度，而是為了了解彼此多一點。」

三週後，他們第一次見面，約在一間安靜的老咖啡廳，聊天中沒有過度肢體碰觸，也沒有曖昧測試，只有一句：「我很開心妳願意從網路走到現實。」

他們交往了將近一年，仍然會回顧：「我們不是靠聊太多，而是聊得剛剛好。」

安晴後來總說：虛擬開始沒關係，但我們很早就決定不要只活在訊息裡。

## 心理學這樣看待妳的經驗

網路交友若要發展成穩定關係，關鍵不在平臺形式，而在雙方是否有意識地引導互動從「線上情緒」轉為「現實連結」。

傳播學者約瑟夫．沃瑟（Joseph Walther）在「社會資訊處理理論」中指出，數位溝通若搭配正確節奏與溝通策略，同樣能培養深度關係。但問題在於多數人缺乏從虛擬轉換為真實的關係導航能力。

以下是實務中需掌握的三個關鍵原則：

### 一、轉場節奏設計：從訊息→語音→視訊→見面

每一階段應根據雙方互動品質決定，而非照著情緒快感隨意推進。過快會產生心理落差，過慢則易掉入曖昧疲乏。

### 二、同步現實參照物：拉入真實生活元素

分享日常（例如拍攝所處環境、描述生活節奏）、談論非 App 相關話題，會讓雙方關係不只存在於平臺框架中，而更貼近真實人格的立體感。

## 三、預設明確但彈性的互動方向

例如：「我們可以一週語音一次，不為逼感情進展，而是互相練習聽見對方聲音裡的溫度。」

這樣的設計能降低防衛，又能提高互動的意圖清晰度，讓彼此有走出虛擬空間的共識與動機。

## 妳的心理練習本

### 練習一：網路互動的穩定性自評表

針對妳正在互動中的對象，請評估以下項目（勾選越多表示轉實力越高）：

- ☐ 我們談話內容超過表面話題，包含價值觀與生活觀
- ☐ 他對我的生活節奏有興趣，而不是只談我長什麼樣子
- ☐ 我們已經嘗試過非文字形式的互動（語音／視訊）
- ☐ 對方不催促我見面，但願意安排見面
- ☐ 我能明確知道他目前生活狀態與情感立場

### 練習二：線上轉線下的信任遞進設計表

| 階段 | 推進內容 | 目標 |
| --- | --- | --- |
| 第 1 階段 | 固定每日非強迫互動時段 | 形成安全的訊息節奏感 |
| 第 2 階段 | 約定語音或視訊頻率（如每週一次） | 建立真實情緒聲音互動 |

| 階段 | 推進內容 | 目標 |
|---|---|---|
| 第 3 階段 | 安排公共空間的首次見面 | 測試現實互動的自在度與觀察力 |
| 第 4 階段 | 共度半日或完整日行程 | 體驗生活節奏與處事習慣 |

這樣的設計能降低「短期熱絡卻無法落地」的關係泡沫，也有助於逐步建立關係中的真實信任與參與感。

## 寫給自己的心理備忘錄：<br>不是遇見的人在哪裡，而是妳怎麼走得進關係裡

安晴的故事提醒我們，網路不是愛情的障礙，也不是保證。

它只是提供了相遇的機會，剩下的是我們怎麼讓這段關係變真實。

在虛擬中遇見彼此很容易，但願意從訊息走進生活、從文字走向行動的關係，才是能走遠的關係。

當妳開始用耐心代替激情、用節奏替代衝動、用界線維持期待，那麼妳就不再只是網路世界裡的一則聊天記錄，而是那個願意靠近真實、也敢讓愛變得具體的人。

## 第四節　防止被詐騙與操控的心理防衛機制

「騙子不是看妳多傻，而是看妳有多想相信。」

—— 俄裔美國作家瑪莉亞・康尼科娃（Maria Konnikova）

### 如果妳是她，會怎麼做？

若彤認識「Rick」是在一個文青風格的社群平臺上。他不是那種開場就搭訕的人，反而總是在她發文後留下一句令人動容的評論：「我懂那種深夜想哭卻找不到理由的感覺。」

她被他理解的語言打動了。兩人開始私訊往來，Rick 說他是海外工程師，目前在杜拜工作，家中有個年邁的母親，很欣賞她的文字，覺得她懂得多。

他們互動了近兩個月，每天都會互道早安晚安，分享生活細節。他說自己想回亞洲發展，也許會來臺灣見她。他還說，想和她投資一筆共同基金，未來可以一起創業。

那天他傳來一張投資報表，說他已投入十五萬美金，希望她也一起參與。他說：「我們一起的未來要從信任開始。」

若彤一度猶豫，甚至打開了線上銀行介面。

幸好，她截圖給一位熟識的朋友後被當頭棒喝：「這就是典型的戀愛詐騙手法。」

她驚醒，也心碎。她不是為了那筆錢難過，而是為自己那麼渴望愛、卻差點用信任換來欺騙而難過。

她明白，最可怕的不是騙子說了什麼，而是他說出妳最想聽的話，讓妳自己幫他完成那場騙局。

## 心理學這樣看待妳的經驗

愛情詐騙與操控並非僅靠技術手段，而是依附在人類最基本的心理需求上 —— 被看見、被理解、被承諾未來。

根據犯罪心理學與情緒操控研究，愛情詐騙常依循以下心理操縱結構：

### 一、情緒共鳴鋪陳

詐騙者會模仿妳的語氣、回應妳的脆弱話題，讓妳誤以為「我們真的很合拍」，產生共鳴依戀。

### 二、過度快速親密

透過高密度對話與頻繁讚美，讓妳過早投入情緒與信任，降低防衛。

### 三、構築未來幻想

談及未來願景、結婚、投資、共居等，讓妳產生「我們不只是聊聊」的錯覺，進一步願意配合實質要求。

### 四、情緒勒索與同理性綁架

當妳遲疑時，他會說：「我沒想到妳會懷疑我」、「難道妳不相信我嗎？」藉此反轉責任，強化妳的愧疚感。

## 妳的心理練習本

### 練習一：情感操控警示問答卡

每當妳在網路互動中感到情緒過快進展，請問自己以下問題：

- 我是否對這個人產生過度信任，僅因他懂我的語言，而不是我的生活？
- 我是否開始對他行蹤、真實身分、生活細節一無所知，卻願意與他建立金錢或情感承諾？
- 他是否在短期內提到未來共住、財務合作、家人支持等非現實階段的語言？
- 當我提出合理疑問時，他是否立即反應過大、翻轉成我對他的不信任？

若妳答是超過兩項，請立即暫停互動，尋求第三方客觀協助。

### 練習二：心理防衛自我聲明卡

請抄寫並貼在妳的電腦螢幕或 App 主頁，作為每日的提醒：

- 我的情緒很珍貴，不該用來填補別人的劇本
- 我願意相信愛，但我更願意保護自己的安全

◉ 任何關係，都該經得起時間與現實的驗證

◉ 我不急著被誰理解，我只願意與真誠的人互動

這張卡片讓妳在面對看似浪漫、實則操控的關係時，多一秒停下、多一份清醒。

## 寫給自己的心理備忘錄：不是妳不好騙，而是妳不該被設計成相信謊言的人

若彤的故事提醒我們，詐騙的本質不是手法多高明，而是他懂妳想聽什麼、信什麼，然後讓妳自己演完那場戀愛幻想劇。

而妳要學會的不是永遠不信任人，而是學會為自己的心設一道真實與耐心的關卡。

真愛從不要求妳先付出金錢，也不會用愧疚維繫情感。

當妳為自己守住情感邊界，妳不只保護了帳戶密碼，更保護了妳對愛的信心。

## 戀愛自我探索｜第十一章專屬練習

### 練習一：我為什麼用交友軟體？

請誠實回答下列問題，幫助妳釐清妳使用交友軟體的動機與潛在情緒：

1. 我第一次下載交友 App，是在什麼樣的心理狀態下？

2. 我最希望在上面遇見的是什麼樣的連結？（愛情／陪伴／新鮮感／肯定）
3. 我是否曾在互動過程中出現失落、焦躁、上癮等感受？什麼情況？
4. 使用 App 的經驗，是否影響了我對關係的期待或信任？

**練習二：我曾被哪些訊息感動，也曾因此受傷？**

請回想一次妳曾在線上互動中感受到強烈情感連結的經驗，並回答：

1. 那段對話／互動讓我感受到什麼？為何特別有感？
2. 後來是否真的有落實到現實相處？如果沒有，妳的心情是？
3. 我是否容易在「訊息的熱度」中產生過度期待？
4. 從這個經驗中，我學到什麼？以後會怎麼保護自己？

**練習三：我的線上關係界線設定**

請列出妳在未來的交友過程中，會明確設立的心理與行為界線：

1. 與對方見面前，我會確保＿＿＿＿＿＿＿＿＿＿＿＿＿＿
2. 當對方要求金錢／投資／敏感資訊時，我會＿＿＿＿＿

＿＿＿＿＿＿＿＿＿＿＿＿＿＿＿＿＿＿＿＿＿＿＿＿＿＿

3. 當我察覺過度依賴訊息交流而忽略現實生活時，我會＿

＿＿＿＿＿＿＿＿＿＿＿＿＿＿＿＿＿＿＿＿＿＿＿＿＿＿

4. 我允許自己在網路互動中＿＿＿＿＿＿＿＿＿＿，但會守住＿＿＿＿＿＿＿＿＿＿

# 第十二章
# 愛情不是全拿：
# 界線、空間與獨立

# 第一節　關係中的心理邊界設立法

「沒有邊界的愛，是無法自由呼吸的。」

—— 美國臨床心理學家哈里特・勒納（Harriet Lerner）

## 如果妳是她，會怎麼做？

珊珊交了一位很適合的男友。對方成熟穩定，也尊重她的職涯與個人時間。

但幾個月後，她開始感受到壓力。

對方很在意行程同步、每天都要報備、見面頻率從一週兩次漸漸變成「最好天天見」。他不是不體貼，只是太「在意」了。

她明知道這是愛的一種表現，但也漸漸覺得喘不過氣。

她想繼續經營這段關係，但她也想要一個能讓她靜下來創作、自己吃飯、散步發呆的空間。

當她鼓起勇氣提出：「我們可以有一點『各自時間』嗎？」對方沉默，問：「妳是不是不愛我了？」

那天她才意識到 —— 原來不是只有不夠靠近才會讓關係破裂，靠得太近、沒留邊界，也可能讓人想逃。

## 心理學這樣看待妳的經驗

心理邊界（psychological boundaries）指的是一個人在親密關係中，所劃定的自我空間、心理自由與情緒主體性的範圍。

缺乏邊界的關係，常出現以下現象：

### 一、高密度依附與情緒糾纏

雙方將彼此的情緒變化視為自己的責任，導致一方生氣、另一方立刻焦慮；一方難過、另一方必須立即拯救。

### 二、界線模糊導致控制與反感交錯

初期的「想靠近」變成後期的「控制感」，無論是時常查勤、要求同步行程或暗示行為修正，皆會侵蝕個體自由感。

### 三、內在分離焦慮驅動過度連結

因缺乏安全感或過往創傷經驗，個體容易將「留空間」誤解為「要分開」，導致無法容忍對方有自己節奏與選擇。

心理學家泰瑞．科爾（Terri Cole）在*Boundary Boss*中指出，建立健康邊界的關鍵不是拒絕靠近，而是讓彼此在靠近中不失去自我完整性。

## 妳的心理練習本

### 練習一：我的邊界紅線盤點表

請填寫以下問題，釐清妳的「內在不能退讓區域」：

- 我需要哪些時間與空間是**只屬於我自己的**？
- 我希望在情緒上對方可以怎麼支持我，但**不越界替我處理？**
- 我過去是否為了關係而暫停／壓抑自己的目標與節奏？
- 當我說「我想要自己待一會兒」時，我最害怕對方的反應是什麼？

這份盤點幫助妳確認：不是妳太冷漠，而是妳正在為關係建立呼吸通道。

### 練習二：邊界溝通三句實戰句型

妳可以練習以下語句，在關係中更有力而不傷人的表達妳的邊界需求：

「我很喜歡和你相處，但我也很需要自己充電的時間，這樣我才能以更好的狀態陪伴你。」

「當你常問我去哪裡、和誰，我會有點壓力，我想我們可以練習彼此信任，而不是監控。」

「我不是想疏遠你，而是我需要一些安靜的時間來消化自己一天的情緒。」

這些句子強調關係裡的主體一致性，讓對方知道妳不是想拉遠距離，而是想讓這段關係更健康地延續。

## 寫給自己的心理備忘錄：不設邊界的靠近，終會變成令人想逃的壓力

珊珊的故事提醒我們，一段關係能不能長久，不是看有多密不可分，而是看有沒有能讓彼此呼吸的空間與邊界。

愛不是什麼都要一起，也不是什麼都不能自己。

真正的親密關係，是願意靠近，也能理解「不靠近」的時候代表的不是拒絕，而是尊重。

妳可以有自己的房間、節奏、計畫，這不會讓愛變淡，反而讓彼此在尊重中更自在、更穩固。

因為，成熟的愛，是親密裡仍然擁有自由。

# 第二節　自我與我們：情感空間的協商

「最好的關係，不是你走進我的世界，而是我們願意共建一個新的世界，讓兩個人都能呼吸。」

——比裔美國心理治療師艾絲特·佩萊爾（Esther Perel）

## 如果妳是她，會怎麼做？

若彤與男友在一起兩年，彼此熟悉，感情也相對穩定。

但最近她開始感到壓力——並不是來自吵架或冷淡，而是

來自看不見的要求。

男友喜歡依賴她的節奏：她下班後必須陪他講電話，假日基本等於約會日，她偶爾說想自己待在家，對方的語氣就會微妙：「妳是不是沒那麼需要我了？」

她的朋友說：「妳也不是不愛他，但妳就快變成他的生活助理了。」

她很掙扎，因為她不想傷害對方，也擔心自己太自我。

但她開始懷念那種可以不報備、隨意獨處的自由。

她想：難道我談了戀愛，就不能再有自己的時間了嗎？

她試著和對方談：「我想我們可以討論一下『我們的時間』跟『我自己的時間』怎麼安排。」

男友一開始不理解，但在她幾次耐心溝通下，他才慢慢明白：愛一個人，不是每分每秒都待在一起，而是理解她想一個人待著時，不是想離開，而是正在充電。

## 心理學這樣看待妳的經驗

在親密關係中，「我」與「我們」的情感空間協商是一種成熟依附狀態的展現。

根據情緒取向治療理論（emotionally focused therapy, EFT），關係中的「融合困境」來自於：

- 個體對「靠近」的誤解（＝代表依賴、喪失自我）

◉ 或對「距離」的誤解（＝代表冷淡、拒絕）

這會導致關係中出現不自覺的依附拉扯：一方渴望連結，一方追求獨立，雙方都不錯，只是節奏不同。

建立健康的「情感空間協商」包含三個心理要素：

### 一、自我界線清晰性

先釐清自己真正需要多少獨處空間、工作節奏與情緒整理時間，這不是為了逃避關係，而是維護自我穩定。

### 二、對等理解的對話結構

以開放式提問與分享方式進行協調，而非「提出需求＝拒絕對方」的語氣。像是：「你會覺得一週約會幾次最舒服？」或「我希望週末白天可以有自己的規畫，但我們可以晚上約吃飯。」

### 三、共同制定儀式化節奏

建立彼此都能接受的「親密與獨立交替週期」：如一週 3 天有固定相處日，其他時間保有各自生活，這種結構化自主設計能大幅降低無意識的依賴與衝突。

## 妳的心理練習本

### 練習一：我的情感節奏描繪圖

請畫出妳「理想一週情感互動圖」，填寫以下欄位：

| 週日 | 週一 | 週二 | 週三 | 週四 | 週五 | 週六 |
|---|---|---|---|---|---|---|
| | | | | | | |

請標注：

- 想自己過的時段（閱讀、運動、放空）
- 希望有親密相處的時段（視訊、約會、通話）
- 需專注的個人目標時段（工作、創作、自我進修）

視覺化這份圖表後，妳可與伴侶分享：「這樣的安排對我來說，會讓我更平衡與穩定。」

### 練習二：空間協商語言句型練習

以下是協商「我與我們」的對話模板，請練習轉化為妳的語氣：

「我很喜歡和你在一起，但我發現我自己也需要有一段時間不說話、讓大腦安靜。」

「我希望我們一起討論怎麼安排我們的時間，不是因為我不愛你，而是因為我也想愛好我自己。」

「當我一個人做事的時候，你若願意尊重我，我會更有能量在我們相處的時候，全心投入。」

這些語句讓妳學會在關係中發聲，不是防衛，而是表達「我願意一起，也願意保有我自己」。

### 寫給自己的心理備忘錄：
### 妳不是不夠愛他，而是妳也想好好愛自己

若彤的故事提醒我們，親密不是密不透風，而是兩人願意留出空間，讓彼此能呼吸、能調節、能成長。

關係裡最成熟的相處，不是什麼都一起，也不是一切都放手，而是一起協商「我們」的邊界，也互相成就「我」的完整。

當妳能說出：「我需要空間，不代表我不在乎你」，妳正在愛中保護妳自己，也保護妳們的未來。

## 第三節　維持自我實現與戀愛平衡的五種策略

「你可以在愛裡柔軟，但不必為了愛失去你的骨頭。」

—— 美國社會工作研究者布芮妮・布朗（Brené Brown）

### 如果妳是她，會怎麼做？

安晴一直是被朋友稱為「很有方向感」的人。她從大學時期就知道自己想創業，進入品牌設計領域後，更是將近乎偏執的專注投注在事業上。

談戀愛對她來說，是件難以安排的事。不是她不願意愛，而是她常覺得一旦靠近，就會被要求抽身，調整節奏，甚至被貼上「太冷、太難靠近」的標籤。

她也試過為愛犧牲：減少工作投入、配合對方的生活節奏、放棄進修機會。換來的卻是一次又一次對自我的否定。

她後來領悟，問題不是她太有夢想，也不是對方不夠支持，而是她從沒學會怎麼讓愛與自我實現共存。

她開始實驗：她和新伴侶在交往初期就進行深度對話，確認彼此如何看待「支持夢想」與「生活協調」。她學會了調整節奏、溝通目標，也開始把愛情當作創造力的加乘，不再是身分認同的犧牲。

她明白，成就自己與愛人，不是兩條相反的路，而是需要設計過的共存系統。

## 心理學這樣看待妳的經驗

在現代心理學中，自我實現被定義為「個體朝向潛能發展的過程」，而健康的親密關係則被視為「情感互惠、認同尊重與長期發展的合作歷程」。兩者看似會衝突，但其實透過結構設計與內在協調，是可以共生的。

以下為維持自我實現與戀愛平衡的五項核心策略：

## 第一，優先順序視覺化策略

將個人目標、情感關係與家庭義務進行時間性排序與區分。例如每一季設計一次「生活重心比例圖」，分配百分比至工作、關係、健康與創作，幫助個體清楚看見當下哪一面最需要調整與照顧。

## 第二，雙方目標公開化原則

在關係初期即開啟「雙向夢想分享」，建立彼此對未來方向的了解。這種做法不僅促進共識，也可避免關係進入互相牽制的模式。

## 第三，界線與連結的節奏協定

明確安排「我時間」與「我們時間」。例如每週固定兩晚保留為自我成長與沉澱時段，剩餘時間則為共享活動，讓愛與個人目標不互相擠壓。

## 第四，支持語言與認可回饋設計

練習在關係中表達支持對方自我實現的語言，例如：「你準備簡報時的神情真的很迷人」或「我尊重你想要追的目標，我也在努力我的部分。」這類語言讓伴侶知道，他的獨立不是疏離，而是令人敬佩的成就。

### 第五，彈性計畫與共同調整意識

承認雙方都會在不同階段改變重心，因此定期檢視彼此生活節奏是否仍合拍。這不需苛責誰變了，而是一種成長型關係的更新系統。

這五項策略能幫助關係進入一種互為土壤的結構 —— 讓彼此都能開花，而非為了成全一人而讓另一人枯萎。

## 妳的心理練習本

請花二十分鐘完成以下書寫練習：

- 目前妳人生中最重要的三個自我實現目標是什麼？這些目標的實現，是否會因進入關係而有所妥協？
- 妳過去在愛情中，最常為了維繫關係而犧牲掉什麼部分的自己？
- 請寫出妳希望未來的伴侶如何與妳一起照顧夢想，而不是交換彼此的自由？

最後，設計一段可以與對方對話的開場語，例如：「我最近在思考怎麼讓我們的相處與我的夢想不衝突，我想和你討論看看，你也有什麼想完成的事情，我們可以互相支持。」

這樣的語言是一種界線，也是邀請，是讓彼此都能站穩腳步的一道溫柔橋梁。

## 寫給自己的心理備忘錄

安晴的故事提醒我們，真正強大的女人不是不談戀愛，而是懂得在戀愛中不忘實現自我，並讓對方成為夢想的一部分。

妳不需要在愛裡選邊站，選擇自我或選擇他人。

妳需要的是知道：當妳為了夢想努力時，不是孤軍奮戰，而是在一段成熟的關係中，被尊重、被陪伴、也被理解。

而妳，也能成為那樣的人 —— 既是夢想的實踐者，也是關係的建構者。

# 第四節　與其討好不如發光：獨立女性的戀愛態度

「真正吸引人的從來不是你為他人改變了什麼，而是你堅定成為自己的樣子。」

—— 加裔美國心理治療師

納撒尼爾・布蘭登（Nathaniel Branden）

## 如果妳是她，會怎麼做？

小芷一直是人見人愛的類型。她懂得觀察、善於傾聽，總能在第一時間察覺對方的情緒波動，並給予合適的反應。這樣的她，在戀愛初期幾乎從不出錯，總能快速獲得好感與依賴。

但她也慢慢發現，當關係走到深處時，她常感到疲憊。因為她的「溫柔」，不是自然的流動，而是一種持續耗能的維持。

她曾經不敢說出「我不喜歡這種約會方式」，因為怕對方失望；她也曾經說「沒關係我可以配合」，其實內心很想保留週末時間寫作。久而久之，她在關係裡開始感到被掏空。

直到後來，她在一段短暫但誠實的戀情中，遇見了一個願意聽她說「不」的人。那人說：「妳不需要對我做什麼，我就已經被妳吸引了。」

那一刻她恍然大悟。她不是不值得被愛，而是她一直以為自己必須付出才會有價值。

從那天起，她開始練習：說出真實的想法、不主動迎合、不把回應對方的需求當成自己的義務。她不再刻意塑造被喜歡的樣子，而是願意成為自己真實的樣子。

她說：「我現在的戀愛，是我發光，他靠過來；而不是我討好，他才留下來。」

## 心理學這樣看待妳的經驗

「討好型戀愛模式」是一種源於低自我價值感與關係焦慮的互動策略。心理學上稱之為討好型創傷反應（fawning response），其特徵為：

- 傾向過度預測對方需求而忽略自身意願
- 習慣維持和諧關係，即使犧牲內在情緒
- 將「被需要」與「被愛」混淆
- 對衝突與拒絕具有過度放大與逃避傾向

這類人格模式短期內容易建立關係初始吸引力，但長期下來會導致情緒失衡、自我耗損與關係失真。

反之，根據吸引力心理學的實證研究，長期穩定關係的關鍵在於：

- 自我認同一致性
- 溝通中的界線清晰與真實情緒揭露
- 對方能夠尊重妳的完整性，而非只愛妳的配合

真正能吸引「對的人」的，不是妳的順從與犧牲，而是妳能在愛裡做自己、也讓對方學會愛妳真實樣貌的能力。

## 妳的心理練習本

請花時間進行以下練習，幫助妳從討好習慣中抽離，建立妳的「發光模式」。

### 第一，自我價值語句重寫練習

請將以下句子完成：

- 即使我沒有回應對方的期待，
  我仍然值得被愛，因為我＿＿＿＿＿
- 當我表達真實的情緒時，我其實也在練習＿＿＿＿＿
- 我不必為了維持關係而放棄＿＿＿＿＿

這些句子能幫助妳重新定義妳的愛與價值，不再靠對方的反應決定自己的位置。

### 第二，情緒界線說出口練習

列出妳常壓抑但內心其實想說出口的三句話，並轉化為可被聽見且帶有尊重的語言：

- 我希望我們週末不要排太滿，我需要空間整理自己的狀態
- 當你情緒低落時我會陪你，但我也需要知道你不會把我當成情緒出口
- 我很喜歡你，但我也有我正在努力的生活節奏，希望你能理解我不是冷淡，而是在照顧我自己

這些練習並非冷漠，而是讓對方看見一個完整而清晰的妳，而非為了愛而壓縮的妳。

## 寫給自己的心理備忘錄

小芷的故事告訴我們，妳不用再為了讓人留下而變得「好相處」，妳只需要為了讓自己不失真而活得「像自己」。

真正穩定的愛情，不是靠讓步建立，而是靠尊重支撐。

當妳停止討好，開始發光，那些真正懂得欣賞妳的人，會因妳的真實而靠近，因妳的完整而留下。

愛不是乞討，是共鳴；愛不是讓步，是靠近一個與妳一樣自由而堅定的人。

## 戀愛自我探索｜第十二章專屬練習

**練習一：我的關係邊界圖**

請針對以下四個情境，寫下妳理想中的界線反應與行動方式：

1. 當對方要求我分享不願談的過往，我會＿＿＿＿＿＿＿＿。
2. 當對方頻繁查訊息或掌握我的行蹤時，我會＿＿＿＿＿＿。
3. 當我需要獨處但對方想密集相處時，我會＿＿＿＿＿＿＿。
4. 當對方有情緒但我狀態不好時，我會＿＿＿＿＿＿＿＿＿。

### 練習二：我可以這樣說

請嘗試寫出三句妳能自然說出口、又能表達妳需求的溫柔界線語言：

1. 當我希望保有空間時，我會說：

＿＿＿＿＿＿＿＿＿＿＿＿＿＿＿＿＿＿＿＿＿＿＿＿＿＿＿＿

2. 當對方希望更多時間陪伴，但我需要充電時，我會說：

______________________________

3. 當我無法立即回應對方期待時，我會說：

______________________________

**練習三：我想要的生活節奏**

請用以下三個欄位，列出妳希望達成的平衡：

1. 我最重要的三個人生目標是：

______________________________

2. 我理想的感情節奏是：

______________________________

3. 為了同時擁有兩者，我願意這樣協調：

______________________________

# 第十三章
# 戀愛與原生家庭：
# 妳的愛，是妳的嗎？

## 第一節　家庭依附模式如何潛移默化戀愛

「愛的方式不是從戀人那裡學來的，而是從我們的父母身上複製的。」

——英國發展心理學家約翰・鮑比（John Bowlby）

### 如果妳是她，會怎麼做？

若彤在一段戀情中突然感到崩潰。

明明對方溫和有禮，也從不吝於表達關心與支持，但只要對方晚回一則訊息，或臨時取消一次約會，她便陷入巨大的不安與焦慮。

她經常想：「是不是我哪裡讓他失望了？」、「是不是他其實沒那麼喜歡我？」

即使對方不曾提出指責，她卻總是習慣先責怪自己。這樣的情緒起伏讓她感到疲憊，也讓關係逐漸緊張。

直到她在一次心理諮商中，被問了一句話：「妳小時候，是怎麼學會去『討好』大人的？」

她瞬間靜默。

她回想童年，那是一段母親嚴格、父親疏離的成長經驗。她學會不惹人生氣，不主動說出需求，總是先觀察、再配合。她曾以為那叫做乖，長大後才知道，那叫做自我壓抑。

她終於理解，自己不是不會談戀愛，而是還活在那個學會迎合的大人眼中，從沒練習過怎麼被平等地愛著。

## 心理學這樣看待妳的經驗

依附理論由心理學家約翰·鮑比首創，認為兒童與照顧者之間建立的情感模式，將深刻影響個體未來與他人的關係建立方式。

這種「原初依附模式」會內化成一套潛在的情感劇本，影響我們在親密關係中的行為與反應。成人依附主要可區分為以下幾類：

- 安全型：能自在地表達需求，也能容納他人靠近或拉遠，不會因親密感而焦慮。
- 焦慮型：渴望愛與關注，容易過度解讀對方冷淡，並以付出、討好、黏著方式換取安全感。
- 逃避型：過去受傷經驗使其傾向在親密關係中保持距離，不容易信任他人，壓抑情感表達。
- 混亂型：在愛與不愛之間反覆擺盪，常在親密關係中出現矛盾行為。

若童年的依附關係不穩定、缺乏一致回應，個體便容易將「我要成為對方喜歡的人，才能獲得愛」的觀念帶入成年後的情感中。

在戀愛中，這會呈現為「過度解讀訊息、害怕被拋棄、無法放下控制欲或無法表達情緒」等現象。

## 妳的心理練習本

請進行以下覺察與重建練習：

第一，請回想妳童年時，當妳感到不安、難過或想要被理解時，照顧者通常如何回應妳？是安撫、忽略、責備還是要求妳堅強？

第二，請寫下妳在戀愛中最常出現的三種情緒反應，例如：「焦慮對方會不會變心」、「過度配合對方時間安排」、「習慣壓抑自己的感受以維持關係」。

第三，請對照妳的依附行為與過往經驗，寫下這樣的情緒反應是否其實是過去家庭經驗的延伸，而非眼前對象真正給妳的訊號？

最後，請寫下一句對自己內在小孩的話，例如：「妳不需要再用完美換來愛，妳本來就值得被好好對待。」

這段練習將幫助妳分辨「現在的妳」與「過去為了生存而學會的妳」，讓妳開始為自己的愛情模式重新負責。

### 寫給自己的心理備忘錄

若彤的故事提醒我們，在愛裡反覆不安的人，不是太脆弱，而是太早學會壓抑與討好。這不是妳的錯，而是妳從小就在沒有安全感的環境裡，努力生存的結果。

但愛是可以被重新學習的。

當妳看見自己的情緒來自過去，而不是眼前那個人，妳就有機會停止將對方變成補償父母角色的替代品。

愛不是讓妳重演創傷，而是讓妳重新學會信任、安全與表達。

從此刻起，讓妳的愛屬於現在的妳，而不是過去的陰影。這才是成熟戀愛的開始，也是自我重建的第一步。

## 第二節　父女關係與親密感建立困難

「我們對親密的理解，往往來自於第一個教我們什麼是安全的那個人。」

—— 美國心理學家史蒂芬・波格斯（Stephen Porges）

### 如果妳是她，會怎麼做？

珊珊的戀愛關係總是卡在一個地方 —— 她可以相處、可以陪伴、可以一起旅行，但當對方想再靠近一點，談論情感深處，或提出「我們要不要一起生活」這類未來式提案時，她就會莫名地焦慮。

她不是沒感覺，而是感覺太多，卻說不出口。她知道自己在情感上有一道很深的牆，而她無法決定這道牆是保護還是監牢。

她曾試圖打破，試圖讓自己敞開，但最終總以逃跑或理性退場告終。她也曾在深夜問自己：「我是不是天生不適合被愛？」

直到一次心理探索課程中，她提到了她的父親。一個在她成長過程中總是沉默、遙遠，幾乎不主動關心她情緒的男人。他工作繁忙，對她沒有惡意，也從不打罵，但她從未從他口中聽過一句「我為妳感到驕傲」。

她突然明白，原來她不是不會愛，而是從小就學會了不要依賴男人，不要期待溫柔，也不要脆弱。

她後來說，那不是抗拒親密，是她的身體早就學會了把所有渴望藏起來，因為她不知道開口會不會有人接得住。

## 心理學這樣看待妳的經驗

父女關係對女性的親密感建立有深遠的影響。心理學家琳達．尼爾森（Linda Nielsen）指出，女兒對父親的認知將影響她未來如何看待男性、如何表達依附需求，以及如何處理關係中的信任問題。

當父親在成長過程中缺席、忽略或情感冷漠時，女性常出現以下三種情感反應：

### 一、過度自立與抗拒依賴

將親密視為失控，害怕靠近會換來失望，進而發展出「理性型退場」模式，即便內心渴望連結，也選擇關閉感受。

### 二、渴望肯定與取悅性互動

若父親時常以成就衡量價值，女性可能在關係中發展出「我必須優秀才值得被愛」的情感邏輯，容易陷入討好或過度努力維繫關係。

### 三、情感疏離與安全感缺乏

當父親缺乏情緒交流，女兒難以學習情感表達與理解模式，進入親密關係後，容易出現「我不知道怎麼愛人」的無力感。

這些行為不是選擇，而是防衛性適應反應，源自童年對親密感的不安全經驗。

但重要的是，這些模式可以被察覺、理解、轉化。

## 妳的心理練習本

請進行以下三項自我探索練習：

### 第一，情感記憶書寫

請寫下妳印象中與父親的前三個場景。這些場景中，他有沒有看妳、理解妳、陪伴妳？或者，他總是缺席、冷淡、忙碌或只關心表現？

### 第二，情感邏輯反思

請完成以下句子，幫助妳理解妳的親密信念是否來自過往經驗，而非當下關係：

- 我常在關係中退縮，是因為我學會了＿＿＿＿＿。
- 我不敢太靠近，是因為我曾經＿＿＿＿＿。
- 我對愛的期待，其實來自＿＿＿＿＿的眼神或沉默。

### 第三，親密感行為練習

請列出三項「不需完美即可開啟的情感互動方式」，如主動分享感受、回應他人擔憂時不急於理性化、或在關係中允許自己提出小小的依賴需求。

這些練習是重新學習依附與信任的第一步。當妳允許親密感在關係中逐步展開，妳便不再受制於過往的封鎖模式。

## 寫給自己的心理備忘錄

珊珊的故事告訴我們，不是每個女人都被允許從小練習怎麼愛人與被愛。而當我們進入戀愛關係，卻突然被期待會說、會表達、會信任，這對某些人來說，是困難的。

妳不是故意把人拒之門外，妳只是太早學會一個人撐著走。

那份早熟的獨立，也讓妳在愛裡變得謹慎、甚至封閉。

但只要妳願意從小小的表達開始，從一次信任、一次傾聽、一次主動說出「我需要」開始，親密感就會從妳的內在慢慢長出來，不再是奢望。

因為愛不是學會討好，而是學會放下防備，讓另一個人看見真正的妳。

## 第三節　如何處理戀愛中的「家庭介入」？

「愛情是兩個人的選擇，不是整個家族的共識。」

—— 美國臨床心理學家哈里特・勒納（Harriet Lerner）

### 如果妳是她，會怎麼做？

安晴交往了快一年的對象，一切原本都很順利。他們價值觀相近，互動平等，她也感受到前所未有的安全與被理解。但直到她第一次把他帶回家見父母，事情開始有了變化。

母親在飯後語重心長地說：「這男生是好人，但妳確定他未來的收入穩定嗎？他看起來不太會照顧人。」

父親沒有正面批評，卻在晚餐後問：「這個人真的配得上妳嗎？」

安晴當下沒說什麼，只說她會再觀察看看。但她的心開始動搖。不是因為男友變了，而是她開始質疑自己的判斷：是不是她真的沒想清楚？是不是她太渴望戀愛而降低了標準？

幾週後，她變得冷淡，開始挑剔對方的生活習慣、反覆想起父母的那句話。男友察覺不對，問她：「是不是我做錯什麼了？」

她一時語塞，後來只說：「我爸媽覺得我們好像不太適合……我需要一點時間想想。」

他沒生氣，只回：「那妳想想清楚，這段關係是為了他們，還是為了妳自己。」

這句話讓她深深震撼。她突然發現，自己一直在扮演一個「乖女兒」，卻忘了問自己喜歡的是誰、要的是什麼。

## 心理學這樣看待妳的經驗

戀愛中最難的干擾，往往不是來自外遇、分手或溝通問題，而是來自最親近的家庭成員對關係的干涉與評價。

根據家庭系統理論（family systems theory），當個體長期扮演「家庭功能角色」（如孝順女兒、情緒協調者、責任擔當者）時，容易在戀愛中產生以下三種情境困境：

### 一、外部期待壓過內在判斷

家人以「為妳好」為名表達質疑，導致女性在戀愛中失去自我評估能力，把愛情選擇權讓渡給家庭聲音。

### 二、關係代價恐懼症候群

擔心堅持愛情會造成家庭衝突或失去支持，使得戀愛過程中出現委屈與自我壓抑。

### 三、情感忠誠錯位

將家庭對自己的照顧視為責任償還，進而過度妥協自己的情感選擇，把「不讓父母失望」當成戀愛中的最高原則。

然而，家庭介入若缺乏界線，會破壞情侶之間的安全依附感與關係主體性。

精神病學家莫瑞·鮑文（Murray Bowen）強調：「情感成熟的關係，需要每個人先能與原生家庭適度分化，才能進入健康的親密關係。」

## 妳的心理練習本

以下三個練習將幫助妳重新釐清自己與家庭之間的心理位置：

### 第一，自我選擇對話書寫

請完成以下句子，讓自己明確看見：

「我選擇與這個人交往，是因為________，而不是________的期待或恐懼。」

「我在這段關係中感受到的，是________，而不是家人想像________。」

「我理解他們的關心來自________，但我知道我有能力為自己的幸福負責。」

### 第二，家庭干預界線語句練習

請練習說出以下語句，適當地對家庭成員設立界線：

「我知道你們很關心我，但這段感情的判斷需要由我自己來承擔與決定。」

「他或許不是你們理想中的樣子，但他在我的生活中帶來了穩定與溫柔，這是我自己體會過的。」

「我們可以有不同的觀點，但我希望你們可以尊重我的選擇，也相信我的判斷力。」

### 第三，關係主體自我定位卡

請書寫並每天默念：

「這段戀愛是我的生命選擇，不是家庭的延伸責任。我有權建立自己的愛，也有能力處理自己的幸福與痛苦。」

這份定位卡讓妳在面對來自家庭的聲音時，能堅定地站在屬於妳的戀愛現場中，不再被拉回他人的人生劇本裡。

## 寫給自己的心理備忘錄

安晴的故事提醒我們，有時候讓妳質疑一段好關係的，不是那個人做錯了什麼，而是妳沒被允許用自己的眼睛看清什麼是愛。

家庭的愛很重要，但那不是妳放棄自己的理由。真正的成熟，不是與家庭對抗，而是能夠站在愛的現場，說出：「這是我想走的路，我願意為它負責。」

因為妳不是誰的延伸，也不是誰的投資計畫。妳是一個完整的人，有資格決定誰值得陪妳走接下來的人生。

## 第四節　擺脫「原生困局」的自我重建練習

「你無需為你的出生劇本負責，但你有責任為自己的愛情寫新的劇情。」

——英國心理治療師茱莉亞・薩繆爾（Julia Samuel）

### 如果妳是她，會怎麼做？

小芷過去總是愛得用力，離開時也用力。她不是不努力，而是太努力，努力成為懂事的女朋友、乖巧的情人、可被接納的伴侶。

她總在愛裡妥協，不吵架、不提出需求、不設界線。她的戀情結束後，朋友總說：「妳太好、太善良了。」

但她不再接受這種讚美。因為她知道，那不是善良，是一種習慣的自我消失。

她在一段療癒性的寫作練習中，第一次寫下童年時父母吵架的畫面：母親流淚，父親沉默，小小的她安靜地收拾桌上的碗筷，害怕成為衝突的原因。她從那刻起，學會了如何不要被看見，如何不要太多情緒，如何用壓抑維持表面的和平。

她才明白，那個總是愛得小心翼翼的自己，根本不是學不會戀愛，而是從小就不曾學會怎麼表達與被接住。

她開始為自己重建。不是從談戀愛開始，而是從重新認識自己開始。

她練習問自己：「這真的是我要的嗎？還是我以為我該要的？」

她開始允許自己說「不喜歡」、允許自己晚回訊息、允許自己一個人吃飯也不覺得失敗。她還開始練習擁抱、說出需求、不再逃避情緒波動。

這些練習不是為了成為更好的人，而是為了成為屬於她自己的那個人。

## 心理學這樣看待妳的經驗

原生困局（family imprint trap）是指個體長期受家庭情感互動模式制約，無意識地在成年後的親密關係中複製、重演、內化，導致關係反覆受挫與自我情緒困擾。

社會工作者維琴尼亞．薩提爾（Virginia Satir）強調，成長過程中的「生存姿態」若未被修正，將持續干擾個體情感的真實選擇與自主能力。

擺脫原生困局的關鍵在於「三段式覺察與重建」：

### 一、意識階段：辨識家庭模式的內化影響

透過書寫與回溯，釐清自己對愛、衝突、信任的反應是否源自童年經驗而非現實互動。

### 二、區隔階段：分離「我以為應該」與「我真實感受」

針對情緒反應（如退縮、焦慮、討好、迴避）進行情緒意圖覺察，培養「我有選擇」的心理空間。

### 三、重建階段：行為設計與情感語言重訓

從日常關係中練習表達、設立界線、接受被拒絕、允許混亂與不完美，逐步重塑親密感的心理彈性。

這三個階段不求快速，但只要開始，妳便不再只是被動複製家族情感歷史的人，而是主動寫下自己情感篇章的作者。

## 妳的心理練習本

請完成以下練習，作為妳情感自我重建的第一步。

### 第一，書寫家庭印記影響句

請完成這三句話：

我對愛的期待來自________的經驗，這讓我在親密中習慣________。

我過去為了不讓人失望，常常________。

現在我願意改變，因為我希望________。

### 第二，設計屬於妳的「自我照顧對話」

每天為自己說一句重建語言：

今天我允許自己________，即使________。

我不是誰的延伸，我是一個完整的我。

當我不再討好，我仍然值得被愛。

第三，練習一個「原來不敢做、現在願意試」的行動

可以是：

- 主動拒絕一件讓妳不舒服的邀約
- 在關係中說出一次妳的真實情緒
- 不回訊息也不自責一整天

告訴身邊的人：「我正在練習照顧我自己」

這些小練習會慢慢鬆動妳曾被套牢的情感腳本，讓妳開始編寫一段屬於妳自己的親密故事。

## 寫給自己的心理備忘錄

小芷的故事提醒我們，當我們在愛裡感到卡住、窒息、過度努力或總覺得不夠時，不一定是戀人錯了，也不一定是自己不會愛，而是我們一直活在舊有的情感程序裡。

那不是妳的錯，但從現在開始，是妳的責任。

因為愛不是複製，是選擇；愛不是延續他人的腳本，而是有勇氣寫下自己的版本。

當妳能辨識出什麼是原生家庭的遺留、什麼才是屬於妳當下的情感需求，妳就開始真正走出過去，活出屬於妳自己的愛。

而這份愛，不再是妥協與延續，而是自我選擇與情感自由的誕生。

## 戀愛自我探索｜第十三章專屬練習

**練習一：我的愛是從哪裡學來的？**

請回想妳與照顧者（父母或其他家庭成員）互動的情境，回答下列問題：

1. 當我小時候感到害怕或受傷時，大人是如何回應我的？
2. 我是否常常需要壓抑情緒來換取接納？有什麼例子？
3. 我的依附模式與哪一位照顧者最像？這影響了我怎麼愛人嗎？

**練習二：來自家庭的影響與調整策略**

請針對以下問題，反思妳在愛情中是否受到家庭意見的牽動：

1. 我是否曾因父母的看法而放棄一段關係？當時我的感覺是？
2. 家人常對我說的戀愛或婚姻觀念有哪些？我是否全盤接受？
3. 如果我想設立家庭與親密關係的界線，我會這樣說：____________

**練習三：從今天起，我決定這樣面對關係**

請完成以下句子，幫助妳重建新的情感信念與行動方向：

1. 我的過去造就了我，但________________________________。
2. 我可以選擇與童年的模式不同的愛法，因為____________________________________________________________。
3. 我對自己承諾：下一段關係中，我會__________________。

# 第十四章
# 愛情與生涯交叉點：
# 妳的選擇不是錯的

# 第一節　事業與愛情的雙軌策略

「愛與夢想並不衝突，真正的問題是：妳有沒有勇氣不向誰讓渡妳的選擇權？」

——美國臨床心理學家梅格・傑（Meg Jay）

## 如果妳是她，會怎麼做？

若彤創業第四年，事業正進入成長期。她每天工時十小時起跳，專案堆疊、團隊擴編、資金談判，沒有一項不需要她親自處理。

而她的感情，也來到一個關鍵點。

男友穩定工作，每天下班準時、週末期待兩人共度、晚餐習慣一起吃。但她卻經常錯過約定、無法回應訊息、在假日時只想補眠或關機。

她知道對方不是故意施壓，只是他想要更多陪伴。而她也不是不愛他，只是她現在愛自己夢想的方式，需要更大的空間。

有一次對方說：「我知道妳在努力，可是我有時會想，妳是不是其實不需要我？」

她聽了沉默許久，後來才說出：「我不是不需要你，而是我現在也需要這個夢想完成的自己。」

那一刻，她終於說出了自己內心最真實的感受，也第一次沒有為了讓關係順利而說謊。那天之後，他們開始學會談一個議題：我們要怎麼一起走，不犧牲彼此？

## 心理學這樣看待妳的經驗

現代女性在事業與愛情交叉點上的拉扯，不只是時間與能量的分配，更是角色認同的衝突管理。

根據語言學教授黛博拉·泰南的研究，「雙軌女性」在進入穩定關係後，最常面對三種內心衝突：

- 角色焦慮：擔心太專注工作會失去女性魅力，或被視為「不顧家庭」、無法兼顧感情者。
- 情感內疚：因拒絕陪伴或忽略對方需求產生罪惡感，進而在關係中過度補償，卻失去真實的平衡。
- 社會期待壓力：面對外界「女人該柔軟」「職場太強勢會嚇跑男人」等刻板評價，陷入自我懷疑與衝突。

要走出這些心理困境，女性需要建構一套愛情與事業共存的「雙軌策略模型」：

### 第一，設定彈性角色邊界

不需同時扮演完美女友與女強人，而是根據時段與情境切換重心，允許自己有時像山、有時像水。

### 第二，協議式親密關係安排

與伴侶共同設計「我們時間」與「事業支持空間」，如每週固定情感日、每月一次共同評估生活安排的滿意度，形成情感合作而非期待綁架。

### 第三，價值觀同步溝通

將「我正在努力」轉化為「我們正在經營的生活藍圖」，讓對方理解自己努力的背後，是想打造可以一起進入的未來，而不是疏遠。

### 第四，自我價值確認練習

每日提醒自己：「我不是在忽略愛情，而是在創造讓愛可以自由進來的空間。」透過日記、語言或行為強化，修正自我懷疑的情緒習慣。

### 第五，拒絕二分法選擇題

不再回答「妳到底比較愛事業還是比較重視感情」這種陷阱問題，而是堅定說出：「我選擇的是讓我的人生不需要放棄任何重要的東西。」

## 妳的心理練習本

請完成以下練習，幫助妳建立妳的雙軌策略藍圖：

### 一、列出妳目前人生中最重視的三件事

請誠實列出，不需要理會外界期待，例如：「創業成功」、「親密關係維繫」、「個人健康管理」。

### 二、為每項目標設計一條支撐這項價值的具體行動

例如：

- 為事業每天專注至少四小時；
- 為愛情每週安排一次深入對話；
- 為健康每週運動三次。

### 三、與伴侶共同寫下你們的「雙軌生活契約」

包含：各自的事業目標、支持對方的方式、固定的情感連結儀式、遇到衝突時的溝通約定語句（例如：「我們都需要空間，但我們更需要讓彼此知道心還在」）。

這樣的練習不只是時間安排，而是讓愛情與事業不互相消耗，而能成為彼此的動力與根基。

## 寫給自己的心理備忘錄

若彤的故事提醒我們，愛與夢想不是對立面，妳不必用放棄一邊來證明妳值得另一邊。

關鍵不是選擇誰，而是問自己：「我有沒有活出那個不讓誰來決定我的人生排序的版本？」

當妳能說出「我想要這一段關係，也想要那一份理想」，妳不再是誰的附屬角色，也不是那個總是自我犧牲的愛人。

妳是創造自己人生藍圖的建築師，而在這張藍圖裡，愛情可以存在，夢想也可以長出天窗與光。

## 第二節　婚姻焦慮與社會壓力的心理應對

「真正讓人痛苦的從不是單身，而是社會讓妳相信單身是失敗。」

——美國社會工作研究者布芮妮．布朗（Brené Brown）

### 如果妳是她，會怎麼做？

珊珊三十五歲生日那天，一早醒來收到的第一封訊息不是祝賀，而是母親傳來的一段話：「妳現在不小了，該穩定了吧？再不結婚，以後孩子都生不出來了。」

她放下手機，低頭看著剛在信箱裡收到的升遷通知。她剛被提拔為行銷副總，這是她努力十年的成果。

但她沒有歡呼，只有一種難以言說的沉重。

這不是第一次。從三十歲開始，她就知道自己的每一次家庭聚會都像場無形審判。不是直接的催婚，就是比對：「妳表姐上個月嫁到加拿大了，妳呢？」

她不是沒談過戀愛，也不是排斥婚姻。她只是知道自己還沒準備好。她要的不是進入婚姻，而是進入一個讓她可以繼續成長的關係，而不是為了滿足外界期待而簽下一紙合約。

但當這些話一次次出現，她開始懷疑：「是不是我真的錯過了什麼？」

直到有一次，她在加班時看著螢幕發呆，突然想起自己二十五歲時的模樣。那時的她對愛情充滿期待，對人生充滿想像。如今的她，有了成就，有了獨立，卻也常常為了「沒人陪」而感到內疚。

她突然明白，自己不是焦慮沒結婚，而是焦慮自己是不是太不像別人了。

## 心理學這樣看待妳的經驗

婚姻焦慮並非單純來自對婚姻本身的渴望，而是源自於社會角色壓力、年齡時鐘神話與性別期待的交織影響。

根據心理學家讓・特溫格（Jean Twenge）的研究與數據觀察，女性在三十歲之後若仍未婚，比起男性更容易受到來自家庭、同儕與媒體的系統性壓力，而這些外在訊息往往會內化為以下三種心理效應：

- **時間焦慮效應**：被暗示「某個年齡之前要完成某些事」，如結婚、生子，否則將錯過「幸福列車」。
- **社會比較壓力**：看著同齡人一一進入婚姻或生育階段，產生「是不是只有我卡住了？」的錯覺。
- **情感價值貶抑效應**：單身女性容易被外界以「高標準、太難搞、自我中心」等語言定位，進而自我懷疑是否真的難以被愛。

這些焦慮大多並非內在產生，而是「外在灌輸後的內化」，其本質並非愛的渴望，而是不願被認為是人生輸家的恐懼。

擺脫婚姻焦慮的關鍵，在於重建三個心理認知結構：

### 第一，愛情不是競賽，也不是人生答題卡

婚姻不是成就，而是選擇，且這個選擇不必與任何人同步。

### 第二，情感價值與婚姻狀態無關

妳的價值不會因為妳有沒有結婚而升高或貶低，妳的愛與被愛能力來自妳的成熟、覺察與自我關懷能力。

### 第三，人生步調與情緒安全由妳設定

妳不必照別人的節奏生活，也不需為了安撫誰而改變妳的選擇時間點。

## 妳的心理練習本

請完成以下三步驟心理調整練習：

### 第一，婚姻焦慮語言拆解練習

請寫下近一年內讓妳感到不安的語句（如：「女人超過三十就很難嫁了」），並拆解成以下形式：

- 誰說的？
- 他／她的觀點背後的價值信念是什麼？（是否將婚姻視為人生目的）
- 這句話是否真的反映妳的真實情況？還是只是社會的投影？

### 第二，設計妳自己的情感節奏表

請列出妳未來五年希望完成的三項「與愛有關」但不以婚姻為唯一目標的計畫，例如：

- 進入一段健康穩定的關係，不急於結婚
- 參加一趟以女性成長為主題的國際交流
- 學會與孤獨共處，讓自己能安心過完整的一個人生活

這些目標讓妳的情感成長有了自己的節奏與深度，不再被「趕著」進入不合適的愛。

### 第三，重寫自我價值語句

請對自己說：

- 我不是被婚姻定義的女人，我是被自己選擇方式定義的女人。
- 我不因單身而不足，也不因年齡而被淘汰。
- 我等的不是誰來接我走，而是我決定要和誰一起走。

## 寫給自己的心理備忘錄

珊珊的故事提醒我們，真正困住妳的不是婚姻沒來，而是別人說妳「應該要怎麼樣」的聲音太多。

但妳可以選擇靜下來，問問自己：

「我現在不結婚，是因為我還沒遇見對的人，還是我願意給自己一個更清楚的自己？」

答案無論是什麼，只要是妳自己選的，它就不會是錯的。

因為婚姻不該是避風港，也不該是戰利品，它是兩個人選擇一起往前走的信任行為，而妳是否在路上，從來只需要妳一人來確認。

# 第三節　當對方「不支持」妳的夢想時該怎麼辦？

「在最親近的人面前，如果妳必須藏起自己的夢，那麼妳不是被愛，而是被定義。」

—— 美國作家格倫農．杜爾尼（Glennon Doyle）

## 如果妳是她，會怎麼做？

安晴決定從穩定職場離開，創辦自己的品牌設計公司。這是她計劃三年的夢想，也是她人生第一次選擇冒險而不是安全。

起初，她以為自己最需要面對的是市場競爭、財務風險與時間壓力。但她沒想到，第一個大阻力竟然來自她的男友。

「妳真的要放棄現在這麼穩定的工作？萬一失敗呢？」

「妳這麼拚，不會太強勢嗎？女生這樣是不是太累了？」

「妳是想要公司，還是想要一段可以陪妳過生活的感情？」

這些話讓她震驚，也讓她沉默。她本以為最愛她的那個人，會是第一個支持她的人。卻發現，她的熱情與決心，在對方眼中變成了不安定與「不夠女人」。

她一度懷疑自己：「我是不是真的太激進了？他是不是說得沒錯？」

但後來她想起十年前那個剛出社會的自己，那個不敢說出夢想的女孩。她已經花了這麼多年學會站穩、學會開口，怎麼可以因為一段感情就把自己推回沉默？

她最終選擇開口對他說：「我希望你能支持我，但就算你不能，我也會繼續走這條路，因為這是我願意為自己負責的選擇。」

這不是一場爭執，而是一種界線。

他沉默很久，最終說：「我怕妳變得跟我越來越不一樣。」

她回：「我們本來就不一樣，只是我不會因此想讓你變得像我。」

那之後，他們的關係開始重組。不是從妥協開始，而是從重新了解彼此的夢想與恐懼開始。

## 心理學這樣看待妳的經驗

夢想，是個體最核心的自我展現形式。當伴侶無法支持妳的夢想時，所造成的不僅是現實層面的摩擦，更是一種情感信任的動搖。

根據關係研究者泰瑞．L．奧爾布赫（Terri Orbuch）的調查指出，超過七成的情侶在長期關係中，會因夢想與目標不一致導致關係張力，其中最常見的三種情境為：

**一、對方認為妳的夢想**

**「太危險」、「不實際」、「不合女性角色預期」**

這通常根源於社會性別文化中的傳統分工思維。

**二、對方將妳的成長視為威脅**

伴侶可能擔心妳因成功而改變，進而疏遠或「不再需要他」。

**三、對方無法與妳的夢想產生共鳴，導致情緒支持缺席**

這並非惡意，而是價值觀不同所致。

重要的是：不支持，不等於不愛；但持續否定，則會在關係中形成傷害。

因此，當妳面對伴侶不支持妳的夢想時，需進行三層處理：

**第一，辨識是否為價值觀的本質落差還是表達上的防衛反應**

有時對方不是不支持，而是不了解妳的夢想背後是安全、可行、成熟的選擇。

**第二，釐清支持的定義與期望**

不是每個人都能成為夢想的同行者，但可以是情緒的穩定後盾。妳要的是什麼樣的支持：認可？資源？情緒陪伴？

**第三，建立夢想的自主性與邊界語言**

若對方無法支持，也無需委屈或說服，而是清楚表達：「我不要求你替我完成，但我也不希望你成為阻力。」

# 妳的心理練習本

## 第一，夢想支持需求盤點表

請列出妳目前最重要的一項人生目標，並寫下以下內容：

- 為什麼這件事對妳意義重大？
- 妳希望伴侶提供哪一種支持？（陪伴、理解、資源協助、情緒肯定）
- 若他無法給予，妳是否能接受他的界線？妳的替代資源是什麼？

## 第二，夢想界線語言練習

請練習以下句子，幫助妳在關係中表達夢想與關係的並存立場：

「我知道你可能會擔心，但這是我深思熟慮的決定，我希望你能相信我。」

「我不是選擇夢想而拋下你，我是想邀請你一起見證我成為自己想成為的樣子。」

「如果你一時無法理解，我可以等你慢慢靠近，但我不會因此停止前進。」

### 第三，自我支持對話卡

請每天對自己說：

我為了夢想努力，不是因為我不夠好，而是因為我值得過上我嚮往的生活。

如果愛是一場互相支持的關係，那它應該讓我飛，而不是怕我飛走。

我的夢想不是我的錯，它是我活著的方向。

## 寫給自己的心理備忘錄

安晴的故事提醒我們，妳不是自私，而是忠於自己。

妳不是太拚，而是終於聽見內心的聲音。

當對方不支持妳的夢想時，妳需要問的不是「我要不要為了他放棄」，而是：「我是否願意為自己堅持一次？」

真正愛妳的人，會在妳努力的樣子裡感到驕傲；

真正對的關係，是妳奔跑時有人守候，不是妳退後時才獲得認可。

當妳不再為了讓別人放心而折疊夢想，妳也就擁有了最完整、最自由的自己。

# 第四節　成為妳人生的第一順位

「真正成熟的關係，不是我為你改變一切，而是我不再為了你把自己遺忘。」

——美國作家雪莉兒・史翠德（Cheryl Strayed）

## 如果妳是她，會怎麼做？

小芷一直以來都是那種「別人眼中的好人」。她總是提前替對方安排好事情、理解情緒、調整時間，只為了讓對方覺得自在。

她的戀愛習慣很有秩序：吵架時她主動道歉，約會時她優先配合，連生活決定也會自動讓出空間。她以為這叫體貼，叫懂事，叫成全。

但有一次，她在下班後坐上回家的公車，一邊聽著男友傳來的訊息：「妳這週末可以來陪我嗎？我不喜歡妳總說要自己做事。」她突然一秒落淚。

她發現她太久沒有問自己：「我這週末想做什麼？」

她不是被男友逼迫，而是自己總選擇「先顧全關係，再安排自己」。她把自己排在最後，不是因為沒人尊重她，而是她從未學會怎麼尊重自己。

那天她寫下這句話：「如果我不為自己站出來，我的生活永遠都會是一場妥協的結果。」

從那刻起，她開始練習一件事——在每一個選擇中，讓自己成為自己的第一順位。

不是自私，而是自守。

## 心理學這樣看待妳的經驗

心理治療師納撒尼爾·布蘭登提出：「自我價值感是個體內在幸福與外在選擇的根本來源。」

在親密關係中，若個體無法建立「我值得被好好對待」的內在認知，將容易進入以下三種低順位型關係狀態：

- **情緒延後型**：習慣優先處理他人情緒，壓抑自己感受，久而久之失去自我覺察能力。
- **決策讓位型**：將重要決定權交由對方處理，以避免衝突，實則累積內在焦慮與無力感。
- **關係依存型**：將愛視為自我價值的來源，當關係出現不穩，就認為「是我不夠好」。

長期自我邊緣化的結果，會導致情感耗損、自我疏離與自尊崩解。而要重新奪回人生的主導權，關鍵在於三項心理重建策略：

### 第一，優先排序內化訓練

每天列出今日三件最重要的事，並刻意讓其中一項與「自己有關」：如情緒照顧、身體健康、自我進修。這種排序不是否定他人，而是回歸自身節奏。

### 第二，自我決策練習

在小事中建立自我選擇的節奏。例如餐廳、電影、旅遊方向、約會地點，不再以「你決定就好」作為默認，而是練習說：「我想吃的是這個，我今天想去那裡。」

### 第三，情緒照顧自主語言建立

當情緒不被理解時，對自己說：「我有能力處理我的情緒，我的不快不需要被批准才合理。」這樣的語言幫助妳將自我從被動等待轉為主動承接。

## 妳的心理練習本

請完成以下三項練習，幫助妳走上「第一順位人生」：

### 一、今日我選擇我清單

請每天記錄一件妳今天為自己而選的事，不論大小，例如：

- 我拒絕了一場我不想參加的聚會
- 我在會議中主動表達不同意見
- 我選擇週末為自己安排兩小時安靜閱讀

### 二、關係中我值得語句書寫

請寫下三句以下形式的句子，並貼在妳每日會看見的地方：

- 我值得一段讓我保有自我的感情
- 我不需要讓誰滿意，才能感覺被愛
- 我不是任務清單中的選項，我是生活的核心角色

### 三、自我優先行動計畫表

請設計妳的「自我守護儀式」：

每週一次、每月一次、每季一次，為自己安排獨處活動、自我關懷儀式或生命進度檢查。這些行動讓妳不再只是「活著」，而是「為自己活著」。

## 寫給自己的心理備忘錄

小芷的故事提醒我們，妳的人生中最該先照顧的人，是妳自己。

如果妳總是等別人把妳擺在心上，卻從沒學會先把自己放在手心，那麼所有的愛都只會變成討好與交換。

妳不是冷淡，只是成熟。妳不是任性，而是終於學會尊重妳的內在聲音。

真正的愛，不是讓妳犧牲，而是讓妳完整。

當妳願意為自己站出來，世界才會開始學著怎麼對待妳。

而妳，從今天開始，就是自己人生的第一順位。

## 戀愛自我探索｜第十四章專屬練習

**練習一：我如何想像理想的愛與工作共存？**

請針對以下問題書寫妳對事業與愛情平衡的規劃與願景：

1. 我的職涯目標有哪些？（請具體列舉三項）
2. 我希望伴侶如何理解與支持我的職涯？
3. 我會如何安排生活節奏，讓工作與感情不互相壓迫？

**練習二：我的婚姻壓力來自哪裡？**

請誠實地釐清妳對婚姻的焦慮是否來自外在或內在期待：

1. 我最常聽到的催婚語句是：________________
2. 我擔心自己沒有結婚會________________
3. 但我也相信________________
4. 現在的我對婚姻最真實的感受是：________________

**練習三：如果對方不支持我的夢想，我會這樣表達**

請練習設計三句在情感中守住自己夢想與成就節奏的語言：

1. 我知道你可能不完全懂，但我真的很在意這件事，因為________。
2. 我不是在選擇事業而放棄你，而是________________。
3. 如果你願意支持我，就算只是________________，我也會感到很溫暖。

# 第十五章
# 長期關係心理學：
# 不是戀愛，是一起生活

# 第一節　恆久吸引力：心理韌性與愛的持久力

「我們之所以還在一起，不是因為一直很甜，而是因為我們都不逃。」

——比裔美國心理治療師艾絲特·佩萊爾（Esther Perel）

## 如果妳是她，會怎麼做？

珊珊與阿哲交往滿五年。他們沒有太多炫目的紀念日，沒送過名牌禮物，也不常放閃。但每次她低潮時，阿哲總會在她說「我沒事」時回：「我知道妳在撐，如果妳想講，我一直在。」

這段關係並非一開始就穩定。他們曾因時間不合吵架，曾因價值觀不同冷戰，也曾一度考慮是否還要走下去。

但最終，他們留下來了，不是因為什麼劇情逆轉，而是每天都還願意說一句：我們還要一起面對明天。

她說，剛開始吸引她的是他的體貼，後來讓她留下的，是他願意面對她情緒最混亂、狀態最差的時候還不離開的堅持。

愛的恆久，從來不是因為不吵架，而是每次吵完，還能選擇彼此。

## 心理學這樣看待妳的經驗

在親密關係心理學中，持久吸引力不再以外貌、才華或激情為核心，而是建立於心理韌性（psychological resilience）與依附安全感（attachment security）之上。

根據 The Gottman Institute 長期追蹤超過三千對伴侶的研究，能維持十年以上穩定關係的核心指標，不是「合拍」或「常常相愛」，而是以下三種能力：

### 一、修復能力（repair ability）

即便爭執激烈，也能在事後主動修復與恢復對話，而非冷處理或累積怨氣。

### 二、情緒容納力（emotional holding）

能接受伴侶有情緒波動、脆弱期，並在彼此低潮時不將情緒視為負擔，而是視為關係的溫度調節。

### 三、共同決策韌性（shared decision resilience）

願意一起討論未來，即使過程中充滿不同，也能找到雙方可接受的折衷，而非一方總是讓步。

這三項能力綜合形成所謂的恆久吸引力：不是「一直新鮮」，而是「一起耐用」。

## 妳的心理練習本

請進行以下三項練習，幫助妳辨識與培養妳在關係中的心理韌性：

### 一、關係修復語句練習

請練習以下語句，在爭執後主動提出修復：

- 「我剛剛有些反應過大，讓你難受了，我願意重新說一次。」
- 「我們之間有不同沒錯，但我更在意的是我們怎麼一起走下去。」
- 「我還在氣，但我也知道我們需要好好聊一次，我願意等，也願意聽。」

### 二、情緒支持角色自我定位

請回答以下問題，協助妳了解自己在關係中的情緒位置：

- 我是否能接受對方在我情緒低落時不急著解決，而只是陪伴？
- 當對方情緒不穩時，我會感到壓力還是願意給空間？
- 我是否總是壓抑自己的感受，以維持表面和諧？還是我能誠實說出「我現在不好」？

### 三、未來願景對話設計

與伴侶進行一次「未來生活模擬會議」，內容包含：

- 我們理想中五年後的生活樣貌是什麼？
- 我們希望的關係節奏有哪些一致、有哪些差異？
- 面對重大抉擇（搬遷、轉職、生育）時，我們要怎麼決策才不讓彼此失衡？

這些練習不是預測未來，而是建立「就算未來變動，我們也有韌性應對」的心理安全感。

## 寫給自己的心理備忘錄

珊珊的故事提醒我們，長期的愛，不是靠激情延續，而是靠願意留下來的人格韌性支撐。

當妳找到那個即使在吵架、沉默、倦怠之中，依然說：「我還在」的人，那個人就不是妳要征服的對象，而是妳可以一起生活的人。

愛，不只是開始時的吸引，而是每一次情緒崩潰後、日常疲乏中，都還願意再靠近一次的勇氣與選擇。

## 第二節　情緒親密感的維持策略

「你每天說的話，不是重複，而是更新彼此心中那條『我們還在靠近』的情緒線。」

——英國心理學家蘇．約翰遜（Sue Johnson）

### 如果妳是她，會怎麼做？

安晴和阿睿交往四年，沒有大起大落，日子平穩。他們一起養貓、一起煮飯、假日會去市場買菜，生活過得像老夫老妻。

但她最近開始有個困惑：為什麼她明明每天都和他講話，卻覺得越來越聽不到彼此的心？

她發現自己有情緒時會先忍下來，「反正說了他也不會太懂」；他則習慣默默處理自己的問題，總說：「沒事，工作上的小事。」

他們沒有吵架，卻也很少深談。安晴覺得，感覺像是兩個配合得很好的人，但不像一對真正貼近的伴侶。

有一次晚上，兩人各自滑手機，她忍不住問：「你還會好奇我今天過得怎麼樣嗎？」

他一愣，然後放下手機說：「我以為妳不想講。」

她才知道，他也有一樣的錯覺——「她沒說，我就不要打擾。」

那天他們聊了三個小時，從工作壓力、彼此的孤單感、對生活的倦怠聊到小時候最被誤解的事。

她後來說：「那晚之後我才知道，情緒的遠不遠，不是距離拉開，而是我們以為對方不需要靠近。」

## 心理學這樣看待妳的經驗

情緒親密感（emotional intimacy）是長期關係中維持心理連結與情感信任的核心。

根據情緒取向伴侶治療（emotionally focused couple therapy, EFCT）理論，情緒親密感由三個關鍵元素組成：

- **情緒揭露的安全感**：個體能自在地表達脆弱、困惑或不安，而不擔心被否定、評價或忽視。
- **共感回應的能力**：伴侶能接住這些情緒，並給予真實的關注與回應，例如：「我知道你說這句話時其實很難受。」
- **互動頻率與情緒語言的更新節奏**：即使每天見面，也要主動創造「心的交會點」，避免陷入例行與表面化對話。

而情緒親密感一旦缺席，長期下來會出現「功能正常但情感疏離」的關係模式，進而削弱關係的安全感與連結度。

## 妳的心理練習本

### 第一，情緒語言打開練習

請從以下三句開頭，選擇一週一次對伴侶說出：

- 「我今天有點卡住，但我不知道該怎麼說……你可以聽我亂講一下嗎？」
- 「你最近有點累的樣子，我想關心你，不知道我可以怎麼靠近你比較好？」
- 「我有件事其實不是要解決，只是想讓你知道我怎麼感覺。」

這樣的語言不是為了解決問題，而是創造讓心靠近的機會。

### 第二，情緒對話儀式設計

請設計一週一次的「無目的對話時段」，不討論任務、不講計畫，只談彼此的感受與狀態，例如：

- 週三晚餐後散步時談談彼此近況
- 每週日晚間十五分鐘聊聊這週最困難和最快樂的時刻
- 共看一部片後談各自的感受，而不評論劇情對錯

這些儀式的穩定性能讓情緒連結維持在可更新狀態。

### 第三，情緒回應練習語句卡

請書寫以下語句並貼在日記本或手機備忘錄：

◉ 「謝謝你願意說這些，我會慢慢聽，雖然我可能還沒完全懂。」

◉ 「我知道我有時候太急著給答案，今天我會試著只陪你就好。」

◉ 「你的情緒對我很重要，請你相信，就算我沒馬上表達，我是有在聽的。」

這些語言能重建關係中的情緒容納空間，不讓彼此的心隨著日常靜默而漸行漸遠。

## 寫給自己的心理備忘錄

安晴的故事提醒我們，真正讓愛變得深厚的，不是旅行次數或禮物大小，而是每天都還願意說：「我想聽你說話，也想讓你聽我說話。」

情緒的靠近，不是激情的爆發，而是每一次心願意張開、耳朵願意停下、嘴巴願意說慢一點的選擇。

在一起生活，不是同住一屋，而是心還在持續對話、還在靠近彼此的溫度。

而妳，也值得這樣被靠近，被理解，被傾聽的愛。

## 第三節　共同成長與價值觀對齊的重要性

「不是你變了或我變了，而是我們的未來不再在同一個方向上。」

—— 美國臨床心理學家大衛．施納奇（David Schnarch）

### 如果妳是她，會怎麼做？

若彤和齊恩在一起五年。他們經歷了熱戀、穩定、互相扶持的階段，也一起度過了搬家、轉職、家庭失和等難關。

但最近，他們之間多了一種說不出的疏離。

她進入新創公司，開始往管理階層邁進，週末常要參加業界聚會、進修課程、國際交流，而他仍在原本的職位，按部就班。她回家想談談新見聞，他則喜歡聊輕鬆的事。

有天他說：「妳現在講話我都聽不太懂了，妳是不是開始往一個我跟不上的方向走？」

她聽完有些心疼，也有些無力。她知道這不是看不起，而是一種誠實的落差。

她不是不愛他，但她開始懷疑，當我們的價值觀與人生目標逐漸錯開時，感情能撐得住嗎？

她與朋友討論後，決定主動開啟對話。她問他：「你希望你的人生是什麼樣子？我能不能在裡面？」

他愣了一下，回說：「我也在想，我是不是也應該走出自己的舒適圈，不能只是等著妳回來。」

從那天起，他們不再逃避「未來怎麼走」的對話，而是開始一起設計「我們怎麼走得更久」的藍圖。

## 心理學這樣看待妳的經驗

在長期親密關係中，共同成長與價值觀對齊是維持情感品質與心理契合度的關鍵。

根據心理學家羅伯特·史坦伯格（Robert Sternberg）提出的「愛情三角理論（triangular theory of love）」，一段完整的愛情關係由親密、激情與承諾三要素構成。

而在後續伴侶關係研究中，心理學家們進一步發現：若要讓關係長久而穩定，除了這三角架構外，還需要「共同目標感（shared purpose）」作為深化連結的第四軸心，幫助雙方在日常生活中維持同頻與方向感。

若伴侶間價值觀持續錯位，將導致以下情況：

- **成長失衡焦慮**：一方前進、一方停滯，彼此開始擔心「我們還有交集嗎？」
- **目標投射誤解**：將自己的目標加諸對方，或認為對方不支持等於否定自己，導致對話變爭執。

- **情感延遲現象**：因避免衝突而不談未來，感情看似穩定，實則內部裂縫日漸擴大。

維持長期價值共識的策略有三：

### 第一，定期同步核心價值觀與生命優先順序

可每半年或每年進行一次「雙人生活藍圖對談」，釐清彼此目前的生活重心、夢想、恐懼與期望。

### 第二，將成長視為「雙軌並行」非「必須同步」

雙方可以在不同領域追求自我實現，但需保留交會空間與情感認同。例如一方進修，另一方支持並提供理解與尊重。

### 第三，設定關係中的共同任務

例如旅行計畫、儲蓄目標、共同學習等，建立「一起完成一件事」的默契感，讓彼此在變動中仍保有連結。

## 妳的心理練習本

請完成以下三個練習，協助妳在關係中確認價值對齊程度：

### 一、價值觀地圖描繪

列出以下問題，分別寫下妳與伴侶各自的答案：

- 你們最重視的三個人生價值是什麼？（如自由、安全、挑戰、家庭、創造、安定）

- 五年後，你們想在哪裡生活？從事什麼類型的工作或生活節奏？
- 對你們而言，成功與幸福的定義是什麼？

若差異明顯，請思考：「這些差異是否可被尊重與互補？還是會構成無法調和的衝突？」

## 二、共同任務願望清單

請你們各寫下希望一起完成的十件事，內容不限，可包含旅行、投資、健康、家庭、知識、公益等領域。

完成後比對，選出五件雙方都願意投入的項目，納入未來的共同計畫。

## 三、關係價值語言重申練習

請說出或寫下對彼此的肯定語句，如：

- 「我們可能走在不同路上，但我一直都把你放在我的未來裡。」
- 「我希望我們可以一起調整，讓彼此的夢想都能繼續存在。」
- 「就算我們的節奏不同，我仍然相信我們可以同行。」

這些語言是連結的橋梁，不是承諾一成不變，而是承諾願意一起變。

## 寫給自己的心理備忘錄

若彤的故事告訴我們，感情不會因為「變了」就注定結束，但若我們不願面對「變化」，關係將無法繼續。

共同成長不是同步，而是願意對彼此的改變保持對話；

價值觀對齊不是一致，而是願意在差異中尋找理解與共同前進的方式。

真正能走下去的兩個人，不是從來沒變過，而是每次變化時，都願意再牽一次彼此的手，問：「我們怎麼繼續走下去？」

# 第四節　戀愛是一種選擇：妳也能成為「關係經營者」

「愛不是遇見，而是每天選擇再次靠近。」

—— 德國哲學家埃里希・佛洛姆（Erich Fromm）

## 如果妳是她，會怎麼做？

珊珊過去談戀愛的方式很被動。她總是等對方提訊息、安排約會、決定未來。她習慣扮演一個「等著被愛的角色」，因為她相信：如果他真的愛我，就會主動做一切。

直到她遇到一個很穩定、但不擅長表達的對象 —— 明明在意，卻不擅長說；明明想靠近，卻行動遲緩。

她曾因此感到委屈，甚至懷疑是不是自己不夠吸引人。但後來她發現，對方的安靜不是不愛，而是他的愛，需要引導。

她試著調整，不是變得討好，而是願意開口說：「我喜歡你陪我做這些事」、「我希望我們每週都有一次約會」、「我想知道你對未來的想法」。

當她開始主動設計關係節奏，他也開始慢慢展現他的方式：幫她準備早餐、每週寫封簡訊報告心情、一起制定旅行計畫。

那段關係沒有浪漫大場面，卻讓她第一次感覺：原來我也能引領愛的流向，而不是只能等它發生。

## 心理學這樣看待妳的經驗

在關係心理學中，戀愛並不是命運安排或情緒自動運轉，而是一種可被經營、可被選擇的日常行動。

根據社會心理學家卡莉兒．拉斯布特（Caryl Rusbult）提出的「關係投資理論（investment model of commitment）」，一段關係能否長久，取決於雙方是否持續投入情緒、時間、共享資源與努力，並且對關係感到滿意、缺乏更吸引的替代選項。

而心理學家約翰．高曼也從伴侶互動實證研究中指出：穩定的情感投資 —— 如主動關注、情緒回應與日常小行動 —— 正是長期關係穩固的關鍵。

而主動型伴侶具備以下三項心理能力：

- **關係設計意識**：知道關係需要被安排，而非僅依情緒決定互動。例如主動設計儀式、溝通節奏、問題討論時機。
- **情緒責任感**：不將所有情緒問題歸因於對方，而願意對「我們的狀態」共同負責。
- **愛的決策力**：能在情感困境中做出清楚選擇：「我現在想留下來」、「我願意溝通」、「我願意對這段關係出力」。

這樣的經營者角色，不是犧牲者、不是控制者，而是主體性的愛人——不等被懂，而是願意引導愛怎麼被創造。

## 妳的心理練習本

### 第一，關係設計表

請花時間設計一份「理想愛情週行事曆」：

- 每週一次情感對話時段（無手機、無任務，只談內心）
- 每月一次共同任務安排（如旅行、學習、公益、財務討論）
- 每日一個小親密行動（如問候、擁抱、共享晚餐）

### 第二，主動愛語言練習

請練習以下語句，以非指責方式提出願望與需求：

- 「我會覺得被愛，是當我們有固定的對話時間。」
- 「我很想知道你怎麼看待我們接下來的生活安排。」

- 「你願意下次約會換我安排一次嗎？我想讓我們更有新鮮感。」

### 第三，關係願景宣言書

請寫下妳願意為關係負責的三項行動：

- 我願意學會不等情緒爆發才說出需求
- 我願意練習在對話中多用「我感覺」而非「你總是」
- 我願意在關係低潮時，先問：「我們還想一起努力嗎？」

這些行動不是負擔，而是選擇。妳不是誰的附屬，也不是被愛的被動接受者。妳可以是關係的創造者與帶路人。

## 寫給自己的心理備忘錄

珊珊的故事提醒我們，戀愛不是靠幸運，也不是靠等待懂妳的人出現，而是妳願不願意讓愛在妳手裡長出樣子。

愛情不只是一場「你願不願意留下」的選擇，更是一場「我願不願意參與建造」的選擇。

當妳從「我需要被愛」變成「我願意創造愛」，妳就不是等愛降臨的人，而是那個能點燃愛、能維持愛、能引導關係走得更遠的人。

而這樣的妳，無論走到哪裡，愛都會跟著來。

## 戀愛自我探索｜第十五章專屬練習

**練習一：我願意怎麼經營長期關係？**

請誠實回答以下問題，幫助妳了解自己的情感韌性與連結能力：

1. 在爭執後，我通常會選擇什麼樣的修復方式？有效嗎？
2. 我是否能接受對方在低潮期的狀態？我會如何陪伴？
3. 我的情緒需要在關係中被怎麼理解與支持？

**練習二：我們之間的「心對話時間」**

請設計一週一次的情感對話儀式，具體描述時間、方式與開場語：

建議包含：不被打斷的談話時間／只談感受、不談任務／彼此輪流說 3 件事。

我想安排的對話時段是：

______________________________________

我希望我們每次都能從這句話開始：

______________________________________

**練習三：我願意為愛主動做的三件事**

請列出妳願意在關係中主動經營的三件具體行動：

1. 在出現冷淡或誤解時，我願意______________________

2. 當我想逃避時，我會選擇＿＿＿＿＿＿＿＿＿＿＿＿＿＿

3. 在平凡日常中，我想用＿＿＿＿＿＿＿＿＿＿＿＿＿＿

＿＿＿＿＿＿來讓彼此保持靠近

# 終結後的起點

## 讓愛從妳開始，從妳繼續

讀到這裡的妳，也許仍然單身，也許正走在一段關係裡，也許剛結束某個未竟的故事。

不論此刻妳的感情狀態是什麼，能走完這十五章、一頁一頁對話與練習，表示妳已經做了一件最勇敢也最成熟的事 —— 妳選擇認識自己，選擇不再讓愛只是一場碰運氣。

我們都曾以為，愛是一種機緣，一場被選中的幸運。但一路走來，妳會慢慢明白，愛情其實是一種能力，也是一種選擇：選擇理解自己的需求，選擇學會說「不」、學會說「我在乎」、學會說「這不代表我不愛你，但我也想保有我自己」。

愛，是一場重新成為自己的旅程。

而真正值得的那段關係，不會叫妳放棄自己去成全另一個人，而是讓妳變得更靠近自己、也更靠近他人。

這本書的每一章，都不是要教妳「怎麼變得更好被愛」，而是想陪妳建立一種更真實的自我。

當妳有了足夠的覺察、有了屬於自己的節奏、有了說出想要與不想要的勇氣 —— 那份愛，就不再讓人困惑，而是讓人更完整。

最後，願妳成為一個這樣的人：

不是渴望誰來填補空缺，而是用光照亮彼此；

不是害怕孤單才談戀愛，而是因為選擇信任，願意一起經營；

不是努力成為誰的理想型，而是忠於自己的樣子，也相信那樣的妳就值得被深深愛著。

這世上最珍貴的愛情，不是有人愛妳，而是妳在愛中，依然成為了自己。

讓愛從妳開始，從妳繼續。

而未來，永遠掌握在妳手裡。

—— 寫給正在練習好好愛人、也好好愛自己的妳。

電子書購買　　爽讀 APP


**國家圖書館出版品預行編目資料**

戀愛不盲目：單身女子的心理學教戰手冊 / 蘇妍婕 著 . -- 第一版 . -- 臺北市：樂律文化事業有限公司 , 2025.06

面；　公分

POD 版

ISBN 978-626-7699-38-6( 平裝 )

1.CST: 戀愛 2.CST: 戀愛心理學 3.CST: 女性

544.37　　　　　114006765


---

# 戀愛不盲目：單身女子的心理學教戰手冊

臉書


作　　者：蘇妍婕

發 行 人：黃振庭

出 版 者：樂律文化事業有限公司

發 行 者：崧博出版事業有限公司

E-mail：sonbookservice@gmail.com

粉 絲 頁：https://www.facebook.com/sonbookss/

網　　址：https://sonbook.net/

地　　址：台北市中正區重慶南路一段 61 號 8 樓

8F., No.61, Sec. 1, Chongqing S. Rd., Zhongzheng Dist., Taipei City 100, Taiwan

電　　話：(02) 2370-3310　　　　傳　　真：(02) 2388-1990

律師顧問：廣華律師事務所 張珮琦律師





定　　價：375 元

發行日期：2025 年 06 月第一版

◎本書以 POD 印製